Annette Brunsing

Gedächtnis-
training

Leichter lernen – sicher merken

3. Auflage

SCRIPTOR

Bibliografische Information der Deutschen Nationalbibliothek
Die Deutsche Nationalbibliothek verzeichnet diese Publikation
in der Deutschen Nationalbibliografie; detaillierte bibliografische
Daten sind im Internet über http://dnb.d-nb.de abrufbar.

© Cornelsen Scriptor 2013   D C B A
Bibliographisches Institut GmbH
Bouchéstraße 12, 12435 Berlin

Redaktion Dr. Hildegard Hogen, Jürgen Hotz
Herstellung Judith Diemer
Umschlaggestaltung glas-ag, Seeheim-Jugenheim
Umschlagabbildung Linda Theisinger, Walnuss: © LeS – Fotolia.com
Satz Fotosatz Moers, Viersen
Druck und Bindung Offizin Andersen Nexö Leipzig GmbH,
Spenglerallee 26–30, 04442 Zwenkau
Printed in Germany

ISBN 978-3-411-87055-4

Inhalt

Einführung

Sie haben dieses Buch gekauft, weil Sie Ihre Gedächtnisleistung verbessern möchten. Wahrscheinlich kennen Sie Situationen wie die folgende: Sie stecken im Berufsalltag, haben es eilig, möchten Ihre Angelegenheiten erledigt haben, und dann tauchen Fragen auf: Wie war doch noch mal die Telefonnummer von Herrn X.? Während der Suche fällt Ihnen ein, dass Sie beim Einkauf vorhin die Hälfte vergessen haben. Sie wählen die inzwischen gefundene Nummer und überlegen, wie der Name dieser freundlichen Sekretärin von Herrn X. war; Sie möchten sie mit Namen anreden. Während des Telefonats suchen Sie Ihren Schlüssel, denken daran, dass Sie morgen einen Vortrag halten müssen und unsicher sind, vor mehreren Personen frei zu sprechen … Außerdem haben Sie damit Probleme, sich bei Autofahrten eine Strecke zu merken. Und das Szenario mag sich auch privat fortsetzen: Beispielsweise bekommen Sie die Abfolge nicht mehr richtig zusammen, wenn Sie Bekannten von einem Film berichten wollen …

Natürlich haben Sie schon von Gedächtnistrainingstechniken gehört, aber ist das nicht alles aufwendig? Der Tag ist ohnehin zu kurz, und dann sollen Sie auch noch Techniken lernen, um sich Dinge besser merken zu können?

Was bedeutet Training in diesem Buch?

Dieses Buch möchte Sie tatsächlich davon überzeugen, dass es ausgesprochen hilfreich ist, sich bestimmte Techniken anzueignen. Sie sollen lernen, wie Sie sich Dinge besser merken können, und dazu begleitet Sie dieses Buch wie ein Lehrgang. Es fächert sich weiter hinten in einzelne Anwendungsbereiche auf. Das ist eine andere Zielstellung als die, durch (Konzentrations-)Übungen gegen zunehmende Gedächnisschwäche anzutrainieren.

Richtig lernen

Lernen in Schule, Universität und Beruf geschieht fast ausschließlich über die linke Gehirnhälfte. Für ganzheitliches Lernen ist der Stoff auch zu umfangreich. Im ganzheitlichen Gedächtnistraining wird das Wissen darüber gezielt angewendet. Schon in kurzer Zeit können Sie mit Übungen und Anleitungen Ihre Gedächtnisleistung erheblich steigern. Und der Zeitaufwand ist im Verhältnis zum Gewinn gering. Einen Teil dieser Zeit wenden Sie bereits beim Lesen dieses Buches auf. Sobald Sie spüren, wie sehr es Ihnen Freude macht – und Gedächtnistraining hat einen hohen Spaßfaktor, wie Sie sehen werden –, ist Zeit für Sie kein Thema mehr, vor allem deshalb nicht, weil Sie enorm viel Zeit sparen, wenn Sie die entsprechenden Techniken erst einmal beherrschen!

Mit Mnemotechniken kann man sich Berufsleben und Alltag enorm erleichtern. Beim Denken und Lernen ist nicht nur der Kopf, sondern auch das Gefühl beteiligt. Wie das funktioniert, wissen Sie prinzipiell schon: Denken Sie an einen besonders schönen Urlaub. Sie erinnern sich nicht nur an komplizierte Ortsnamen, sondern Sie spüren noch die Wärme der Sonne, haben den Duft der üppigen Flora noch in der Nase, sehen die untergehende Sonne wieder vor sich, „als wäre es gestern gewesen". Beim Erzählen ist plötzlich dasselbe glückliche Gefühl wieder da, das Sie im Urlaub hatten. Sie entspannen sich, nur weil dieses schöne Erlebnis Ihnen damals viel Entspannung und Freude gebracht hat.

Die regelmäßige Anwendung von Mnemotechniken ermöglicht Ihnen eine Verbesserung der Gedächtnisleistung in allen Bereichen. Dazu gehören:

- Zahlen lernen,
- Sprachen lernen,
- sich Vokabeln oder Fremdwörter sowie
- Fakten merken,
- Personen und Namen erinnern,
- Autorouten kennen,
- Listeninhalte behalten,
- Sachverhalte und Abläufe (Berichte) erinnern,

- Organisationstechniken (Mind-Mapping) strukturieren,
- Vortrags- und Lehrstoffe (Memo-Mapping) erstellen,
- spielerisch Techniken zur kreativen Vorbereitung von Vorträgen erarbeiten.

Ganzheitliches Lernen contra Pauken

Ganzheitliches Lernen bedeutet, beide Gehirnhälften gezielt anzusprechen.

Das Wissen um die geteilte Funktion der rechten und linken Gehirnhälfte hat sich im Verlauf des letzten Jahrhunderts weiter differenziert. In der linken Gehirnhälfte z. B. laufen die intellektuellen Prozesse ab (links = intellektuell), die rechte Gehirnhälfte ist für kreatives Denken zuständig (rechts = kreativ). Beide Gehirnhälften decken unterschiedliche Lernbereiche ab.

> Ganzheitliches Gedächtnistraining funktioniert nur, wenn alle Lernfunktionen im Wechsel trainiert werden und wenn jede Art von Gedächtnis geübt wird (Intellekt, Emotion, Bilder, Sinneswahrnehmungen usw.).

Wir wissen heute, dass einseitiges Merken nur zeitweise zu einem Erfolg führt, der aber aus verschiedenen Gründen fragwürdig ist. Meistens hat man eingepauktes Wissen nach kurzer Zeit vergessen. Es ist anstrengend, sich auf diese Weise etwas merken zu wollen, und der Aufwand steht in keinem Verhältnis zu den erworbenen Kenntnissen. Diese Mühe kann man sich sparen.

Das Ziel dieses Buches

In diesem Buch geht es darum, sich Techniken anzueignen, die Ihnen helfen, das Gemerkte schnell immer wieder parat zu haben.

Für alle Lebensbereiche bietet das Gedächtnistraining adäquate Methoden, um das Wissen leichter zu behalten. Auf diese Weise entsteht ein Netz, das das bereits vorhandene Wissen auffängt und Möglichkeiten zur Verknüpfung bietet. Durch den Erwerb von Wissen wird das Netz immer dichter, und schon nach kurzer Zeit konsequenter Anwendung kann man feststellen, dass man leichter lernt, sich schneller erinnert und mehr weiß.

Nicht in jedem Bereich ist jede Technik gleich effektiv. Es gibt aber die Möglichkeit, die unterschiedlichen Techniken miteinander zu verknüpfen. Sie werden in diesem Buch viele praktische Hinweise und Übungen dazu finden. Zwischen den einzelnen Übungsfeldern werden Sie auch etwas Theorie vermittelt bekommen, damit Sie den Hintergrund der Ganzheitlichkeit des Gedächtnistrainings erkennen können. Aber keine Sorge: Die Theorie wird ganzheitlich, sprich: anschaulich und interessant vermittelt!

Ein erstes kleines Beispiel

Erinnern Sie sich noch, in welcher Gehirnhälfte das Denken und in welcher die Kreativität lokalisiert ist? Wenn Sie es oben nur gelesen, sich aber nicht besonders eingeprägt haben und nun dennoch erinnern, so haben Sie „linksbetont" gelernt, ohne eine Technik und ohne Verankerung. Das so erworbene Wissen ist in Gefahr, bald wieder verloren zu gehen. Die Möglichkeit, sich dies mithilfe einer Eselsbrücke zu merken, ist zwar immer noch „linksbetont", aber schon viel sicherer: Im Wort „links" sind der zweite und der dritte Buchstabe ein „in". Mit diesen Buchstaben beginnt auch das Wort intellektuell. Das Wort rechts beginnt mit den Buchstaben „re", dem zweiten und dritten Buchstaben des Wortes „kreativ". So schaffen Sie sich eine Eselsbrücke, die zwar vom Merken her linksbetont ist, aber durchaus auf Dauer hilfreich.

Wenn Sie sich die Zuständigkeiten der Gehirnhälften nicht gemerkt haben und eher ein intuitiver Mensch sind (der gern die rechte Gehirnhälfte beim Lernen mit dazunimmt), dann merken Sie sich doch einfach den Reim: Links wird gedacht, rechts wird gelacht!

Was Sie zum Lernen beachten sollten

Wenn Sie die vorgestellten Techniken dauerhaft anwenden wollen, werden Sie feststellen, dass ihr Erlernen zunächst etwas aufwendig ist. Das hat seinen guten Grund. Sie schaffen sich die Basis für das spätere schnelle Lernen und Merken dessen, was Ihnen den beruflichen und privaten Alltag erleichtern soll. Und: Immer, wenn Sie einen ersten Schritt tun, um sich eine nächste Lerntechnik einzuprägen, stellen Sie zunächst die Verbindung zwischen rechter und linker Gehirnhälfte her. So werden Sie schneller in der Anwendung.

- Das meiste, das Sie wahrnehmen, merken Sie sich sofort.
- Dinge, die Sie nicht sofort speichern, merken Sie sich durch Erhöhung der Aufmerksamkeit auch ohne Technik.
- Dinge, die Sie immer wieder vergessen, erfordern Mnemotechniken, wie sie in diesem Buch beschrieben sind.

Man wird nicht klüger, nur weil man eine gute Lerntechnik hat. Die Lerntechniken und die in diesem Buch vorgestellten Mnemotechniken sind nur begrenzt einsetzbar. Allerdings sind sie in ihrer Anwendung absolut effizient, vor allem, wenn man sie kombiniert.

Wichtig ist die Vorbereitung auf das Lernen selbst. Nur wer saubere Grundlagen schafft, indem er überlegt, was er wie lernt, kommt voran. Das Gehirn liebt Ordnung, und eine aufgeräumte Umgebung (Schreibtisch) fördert Klarheit im Denken.

Ganzheitliches Gedächtnistraining entbindet nicht vom Lernen an sich! Um Wissen im Langzeitgedächtnis zu verankern, muss es wiederholt werden. Mnemotechniken bewirken aber, dass man weitaus seltener wiederholen muss als bei herkömmlichem Lernen.

Wiederholung, Konditionierung, Versuch und Irrtum, Einsicht, positive Verstärkung, Nachahmung – alles Bestandteile des Lernens an sich – bleiben gültig. Auch die Erkenntnis, dass Stress Denkblockaden auslösen kann, ist unangefochten.

Die Lerntechniken des ganzheitlichen Gedächtnistrainings verstärken die positiven Lernelemente (Wiederholung, Einsicht, Nachahmung etc.) und bauen negative ab (Stress, Denkblockaden).

Und nun viel Erfolg!

1 Wie funktioniert das Gehirn?

So arbeiten Nervenzellen

Wie das Gehirn aufgebaut ist, aus welchen Bereichen es sich zusammensetzt, ist in anatomischen und physiologischen Büchern hervorragend beschrieben und bei näherem Interesse dort nachzulesen. Für das Gedächtnistraining interessiert uns nur der grobe Aufbau. Weit wichtiger für uns ist das Funktionieren der beiden Gehirnhälften.

Aufbau und Funktionen

Das Zentralnervensystem besteht aus Gehirn und Rückenmark. Das Gehirn besteht aus dem verlängerten Mark (Medulla oblongata), der Brücke (Pons), dem Mittelhirn (Mesenzephalon), dem Kleinhirn (Zerebellum), dem Zwischenhirn (Dienzephalon) und dem Endhirn (Telenzephalon). Das verlängerte Mark, die Brücke und das Mittelhirn bilden zusammen den Hirnstamm. Weiter gibt es das Großhirn, das Zwischenhirn, das Kleinhirn, das Endhirn und das limbische System.

Das Großhirn ist der umfangreichste und differenzierteste Teil des Gehirns. Es besteht aus den beiden walnussförmigen Gehirnhälften, der rechten und der linken Hemisphäre. Zusätzlich befinden sich dort mehrere paarige graue Kerne, die Basalganglien. Sie sind zuständig für Beginn und Durchführung langsamer Bewegungen. Die beiden Gehirnhälften sind voneinander durch einen tiefen Einschnitt getrennt und machen den größten Teil der sichtbaren Gehirnsubstanz aus.

Das Großhirn ist umgeben von der Großhirnrinde, deren äußere Schicht grau ist. Hier finden wir die bekannten grauen

Zellen, die für das Denken und den intellektuellen Teil des Lernens zuständig und deshalb im Gedächtnistraining so wichtig sind! Das Großhirn unterteilt sich in vier Hirnlappen: Stirnlappen, Scheitellappen, Schläfenlappen und Hinterhauptslappen. Der vordere Teil des Stirnlappens birgt das motorische Zentrum; der hintere Teil ist der Sitz der Persönlichkeit.

Welcher Teil des Gehirns ist wofür zuständig?	
Gehirnteil	Funktion
Großhirnrinde (Kortex)	Alle bewussten und viele unbewusste Handlungen; alle bewussten Sinneseindrücke; Sitz des Gedächtnisses
Verlängertes Mark (Medulla oblongata)	Atem, Kreislauf, Husten, Schlucken
Brücke (Pons)	Verbindung zwischen Großhirn und Kleinhirn; Zentren für Atmung und Kreislauf
Mittelhirn (Mesenzephalon)	Schaltstelle für optische und akustische Reize
Kleinhirn (Zerebellum)	Koordination von Körperbewegungen (Feinmotorik); Gleichgewicht
Zwischenhirn (Dienzephalon)	Vegetative Zentren; Endokrinsystem; Hypophyse
Endhirn (Telenzephalon) / limbisches System	Motorik; Gefühlsreaktionen

Funktion der Nervenzellen

Ein bildhaftes Modell der Funktionsweise und der „Kommunikation" von Nervenzellen als Netzwerk hilft sehr gut zum Verständnis des ganzheitlichen Gedächtnistrainings. Es wird auf der folgenden Magazinseite dargestellt.

Wie Nervenzellen „kommunizieren"

Die Nervenzelle heißt in der Fachsprache Neuron. Sie besteht aus einem Zellkörper (Soma) und mehreren Fortsätzen. Einer dieser Fortsätze heißt Axon, die anderen Dendriten.
Die Nervenzellen geben untereinander Informationen als elektrische Impulse weiter, über die Axone. Immer wenn Sie Ihre grauen Zellen betätigen, d. h., wenn Sie denken oder Handlungen planen, werden verschiedene Nervenzellen aktiviert und geben dann das weiter, was Sie gerade gedacht haben. Man könnte auch so sagen: Das Denken löst eine Aktivität bei bestimmten Nervenzellen aus. Ihre Gedanken werden an sie „übertragen". Die Nervenzelle bekommt nun diese Information und gibt sie so lange weiter, bis die entsprechende Handlung ausgeführt wird.
Nehmen wir einmal modellhaft an, die Nervenzelle sieht aus wie ein Mensch, ähnlich folgender Illustration.

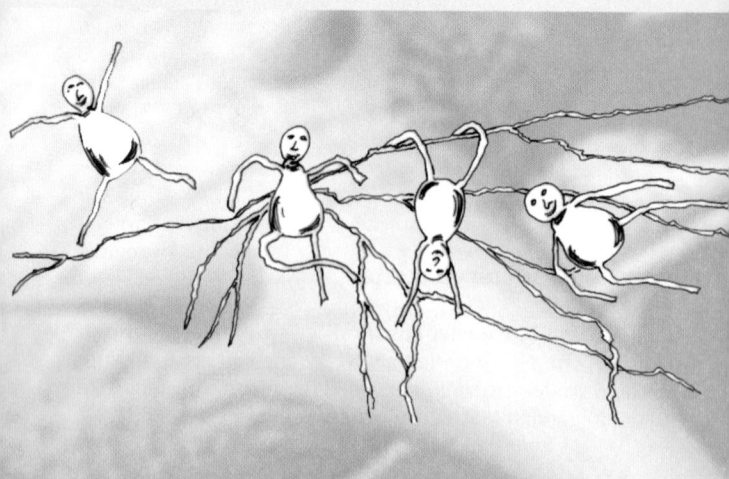

Kopf und Körper sind der Zellkörper (Soma), die Beine und ein Arm sind die Dendriten. Der andere Arm ist ein Axon, das elektrische Impulse abgeben kann. Immer wenn bei Ihnen ein Denkprozess beginnt, nimmt einer (fast) die Hand des anderen; „fast" deshalb, weil ein kleiner Spalt übrig bleiben muss, in dem dann ein chemischer Prozess stattfindet. Der Spalt heißt in der Fachsprache „synaptischer Spalt" (Synapse = Kontaktstelle). In ihm verwandelt sich der elektrische Impuls (= die körperliche Annäherung) und wird zur chemischen Übertragung der Information.

Nun hat der nächste die Information, nähert sich dem anderen mit ausgestrecktem Arm, um dessen Hand fast zu berühren. Das geht so lange, bis der Gedanke, der die Information ausgelöst hat, umgesetzt worden ist.

Die Illustration zeigt dies durch die „Verkettung" der Zellen in einem Netz.

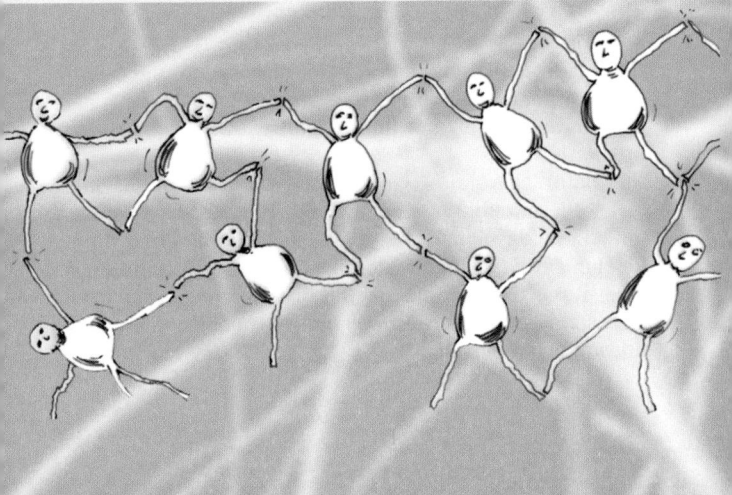

Das Funktionieren der Nervenzellen können Sie sich vorstellen wie ein „world wide web" – das Internet mit seiner Vernetzungsstruktur bietet eine hervorragende Vergleichsmöglichkeit!

Sehr schön hat Otto Waalkes die Abläufe einmal verbal beschrieben in seiner Blödelgeschichte „Wir befinden uns jetzt im Körper von Herrn Soost". Da wird die Kettenreaktion von Kontakten zwischen den Nervenzellen im Dialog der Organe untereinander anschaulich und äußerst humorvoll beschrieben:

Ohr an Großhirn! Ohr an Großhirn! Habe soeben das Wort „Saufkopf" entgegennehmen müssen! Großhirn an Ohr! Großhirn an Ohr! Von wem? Ohr an Großhirn! Keine Ahnung. Auge fragen. Großhirn an Auge! Großhirn an Auge! Wer hat da „Saufkopf" gesagt? Auge an Großhirn! Der Typ, der uns gegenübersitzt. 1 Meter 90 groß, rote Augen und Schlägervisage. Großhirn an alle! Achtung! Fertigmachen zum Ärgern. Großhirn an Drüsen: Adrenalin-Ausstoß vorbereiten! ... Großhirn an Blutdruck: Steigen! Blutdruck an Großhirn! Blutdruck an Großhirn! In Ordnung. Gestiegen.

Großhirn an Faust! Großhirn an Faust! Ballen! Großhirn an Faust: Ausfahren!

Nerven an Großhirn! Nerven an Großhirn! Wir zittern ...

Mithilfe dieser Geschichte und der plastischen und humorvollen Bilder haben wir viel leichter als durch wissenschaftliche Grafiken eine Vorstellung davon, wie das Nervensystem funktioniert.

Aber natürlich können wir das, was Otto Waalkes in seinem Sketch beschreibt, auch ganzheitlich grafisch darstellen. Kennen Sie das Spiel „Stille Post"? Jeder Teilnehmer nimmt die Hand des Nachbarn. Per Händedruck geht eine Bewegung durch die Menschenkette, und derjenige, der in der Mitte steht, muss raten, an welcher Stelle der Impuls jetzt gerade angekommen ist.

2 Denken und Lernen im Alltag

Erfolgreich ist Ganzheitlichkeit

Alle Teile des Gehirns haben verschiedene Aufgaben, ergänzen sich ständig und tauschen sich aus. Beim Lernen in Schule, Beruf und Studium war lange Zeit die intellektuelle Bildung das Ziel, das Lernen mit der linken Gehirnhälfte. Das Ergebnis: Man lernte jahrelang – und kaum hatte man seine Prüfung bestanden, war das meiste schon wieder vergessen.

Rechtes – linkes Gehirn

Inzwischen hat man die Ganzheitlichkeit der Aufgaben der verschiedenen Gehirnregionen zu schätzen gelernt und wendet sie erfolgreich für das Lernen an: Die verschiedenen Aufgaben der Gehirnbereiche werden miteinander verknüpft, und für den Menschen selbst wurden ideale Lern-Verhaltensweisen unter dem Aspekt der Ganzheitlichkeit entdeckt. Aber was genau sind denn die Zuständigkeitsbereiche der beiden Gehirnhälften? Hier die Übersicht:

Linke Gehirnhälfte	Rechte Gehirnhälfte
Schrift	Bilder
Sprache	Emotionen
Systematik	Kreativität
Wissenschaft	Kunst, Musik
Analyse	Synthese
Logik	Fantasie
Zeit	Raum
Rechnen	Intuition

Bisher scheinen die Aufgabenbereiche immer noch strikt getrennt voneinander zu sein. Wenn wir aber miteinander kommunizieren, zeigt sich am besten eine Verknüpfung von rechter und linker Gehirnhälfte. Ein Beispiel: Wenn Sie etwas erzählt bekommen, dann machen Sie sich eine bildliche Vorstellung davon. Auch wenn Sie die Person, von der erzählt wird, nicht kennen, erscheint sie vor Ihrem geistigen Auge, z. B. groß, schlank und dunkelhaarig.

Wenn Ihnen von einem Gang in die Stadt mit einer Freundin berichtet wird, sehen Sie vor Ihrem „geistigen Auge" den Weg in die Stadt, auch wenn Sie diese Stadt gar nicht kennen. Das Gehirn „denkt" in Bildern. Umgekehrt: Wenn Sie jemandem eine Geschichte erzählen, unterstützt die linke Gehirnhälfte die Produktion Ihrer Sprache, die rechte steuert Mimik, Gestik, Ironie. Zustande kommt dies durch Ihre Gefühle oder durch Assoziationen. Hier funktioniert bereits mehr oder weniger gesteuert die Kombination der unterschiedlichen Aufgaben beider Gehirnhälften.

Um „ganzheitlich" zu lernen, müssen wir immer Lernfunktionen der linken Gehirnhälfte mit denen der rechten Gehirnhälfte verknüpfen, um das Gelernte auch langfristig zu behalten. Welches sind denn nun die „Lernfunktionen" oder Aufgabenbereiche, die unser Lernen und Merken erfolgreich sein lassen?

Lernfunktionen

Für das Denken, Lernen und Behalten von Wissen brauchen wir Fähigkeiten, die regelmäßig trainiert werden müssen:

- Wir müssen wahrnehmen, was um uns geschieht und auch was wir lernen sollen. Das müssen wir im Kopf behalten, was nur geht, wenn wir uns gut konzentrieren.
- Gleichgültig, welche Aufgaben wir lösen oder was wir lernen: Wir müssen den Lernstoff in Worte kleiden, um ihn uns bewusst zu machen und in Prüfungen wiedergeben zu können. Wir müssen imstande sein, das Gelernte so zu formulieren, dass wir verstanden werden.
- Das Lernen von Neuem fällt leichter, wenn wir eine Assoziation zu etwas haben, was wir bereits gelernt haben.
- Mit logischem Denken bringen wir den Lernstoff in eine übersichtliche Form, die es uns erleichtert, den Stoff zu behalten und wiederzugeben.
- Wer starr an alten Sichtweisen hängt, dem wird es nicht möglich sein, eine Sache auch einmal von einem anderen Standpunkt aus zu betrachten und damit einen neuen, leichter merkbaren Zugang zu entwickeln. Mit Fantasie und Kreativität werden wir auch Denkflexibilität erreichen und uns das Lernen leichter machen können.

Wir finden hier erkennbare Bereiche der rechten wie der linken Gehirnhälfte. Allerdings lassen sich nicht alle Lernfunktionen ohne Weiteres der einen oder anderen Hälfte zuordnen. Hierzu ist es wichtig zu wissen, nach welchen Systemen unser Gedächtnis funktioniert.

Gedächtnissysteme

Ultrakurzzeitgedächtnis

Wir verfügen über ein Ultrakurzzeitgedächtnis, das auch als „sensorischer Speicher" bezeichnet wird. Unsere Sinneswahrnehmungen sind visuell (Gesichtssinn), auditiv (Hörsinn), taktil (Tastsinn), olfaktorisch (Geruchssinn) und gustatorisch (Geschmackssinn).

Alles, was wir wahrnehmen, geschieht zunächst über unsere Sinne und wird für 0,5 bis 2 Sekunden abgespeichert. In dieser Zeit prüfen wir unbewusst, wie bedeutend die Wahrnehmung für uns ist. Hat sie keine Bedeutung, erlischt sie. Hat sie Bedeutung, geht sie über in das Kurzzeitgedächtnis.

Kurzzeitgedächtnis

Das Kurzzeitgedächtnis ist der „Arbeitsspeicher", quasi analog zum PC. Im PC enthält er die „temporären Dateien". Ihre Funktion ist dem Kurzzeitgedächtnis, in dem Sie nicht bewusst abspeichern, ähnlich. Es besitzt die nötige Energie, um sich ca. fünf Zahlen zu merken. Beispiel: Sie fragen Ihre Kollegin: „Wie war noch die Telefonnummer von der Kundin Frau Möller?" Die Kollegin antwortet: „zwei – vier – fünf – sieben – neun". Sie murmeln die Zahl vor sich hin, gehen ans Telefon, geben die Zahl ein, telefonieren ... und wenn Sie das Gespräch beenden, ist die Nummer aus Ihrem Gedächtnis verschwunden: Sie brauchen sie nicht mehr.

Frischegedächtnis

Unerforscht, aber doch häufiger zu beobachten, ist ein so genanntes Frischegedächtnis. Sie hören eine durchaus interessante Neuigkeit und erzählen Sie Ihrer Freundin. In den nächsten Tagen erzählen Sie die Neuigkeit noch mehreren Personen. Wenn Sie sie dann eine Woche später noch einmal erzählen wollen, merken Sie, dass Sie sie „nicht mehr zusammenbekommen" – es fehlt Ihnen der logische Ablauf, der die Sache eine Weile interessant gemacht hat.

Langzeitgedächtnis

Für uns am wichtigsten und uns allen bekannt ist das Langzeitgedächtnis, in dem wir alles endgültig abspeichern, was wir wieder gebrauchen möchten: das komplette Schulwissen, die Ausbildung, Schulungen, Vorträge.

UKG ultrakurz	KZG kurz	FG frisch	LZG lang
visuell auditiv taktil olfaktorisch gustatorisch	Arbeits-speicher, Sekunden bis Minuten, 5–7 Zahlen	bis zu 8 Tagen	endgültig

Anwendung beim Lernen

Sehen wir uns den Unterschied zwischen ganzheitlichem und intellektuell betontem Lernen noch einmal an. Wenn Sie beim Lernen Ihre Gedächtnistrainingstechniken benutzen, ist der Aufwand im ersten Moment größer; ganz zu Beginn dauert es etwas länger. Aber schon nach kurzer Zeit steigt die Wissenskurve an und bleibt mit minimalem Wiederholungs-aufwand beständig über der Gedächtnisleistung derer, die auf herkömmliche Art lernen. Den Grund dafür finden Sie in den oben beschriebenen Gedächtnisarten.

Die Aufnahme, d.h. der erste Kontakt mit dem Wissensstoff über das Ultrakurzzeitgedächtnis, ist derselbe. Der intel-lektuell Lernende geht dann schnell weiter über das Kurz-zeitgedächtnis und versucht sofort, sich mithilfe der linken Gehirnhälfte den Wissensstoff zu merken, d.h., ihn im Lang-zeitgedächtnis zu verankern. Das geht nicht ohne große An-strengung und nur mithilfe zahlreicher Wiederholungen. Man könnte bildlich sagen: Er benutzt beim Gehen nur ein Bein!

Der ganzheitlich Lernende hält sich nicht lange beim Kurz-zeitgedächtnis auf. Er integriert die sensorischen Fähigkeiten in den Lernstoff und aktiviert das Gefühl, d.h., er benutzt bei-de Gehirnhälften. Um im Bild zu bleiben: Er geht auf zwei Beinen. Auch dies ist schwer zu lernen, aber später funktio-niert es „automatisch". Das Wissen ist einem „in Fleisch und Blut" übergegangen. Es ist nicht mehr nur im Kopf verankert. Daraus ergibt sich folgende Grafik:

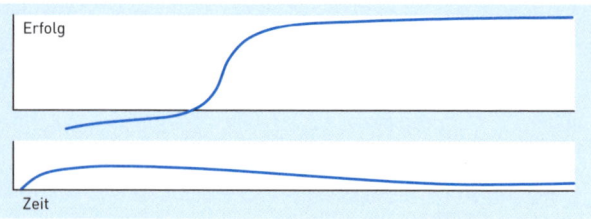

Deklaratives und prozedurales Gedächtnis

Nun erinnern wir uns aber nicht nur an Zahlen aus der Geschichte, sondern an Personen und Situationen oder an eine Urlaubsreise. Andererseits erinnern wir uns an das Schwimmen oder an das Spielen eines Instruments – also an Dinge, die man nicht verlernt und die man anders erinnert als gelernten Wissensstoff. Hier sind zwei unterschiedliche Funktionsweisen unseres Erinnerungsvermögens zuständig: das deklarative und das prozedurale Gedächtnis.

Das Wort „deklarativ" leitet sich von dem lateinischen „declarare" ab und heißt „erklären, deutlich bezeichnen, bekannt machen". Ein Lehrer, der im Unterricht über den Dreißigjährigen Krieg spricht, nennt die Fakten, die dann direkt „erklärt" sind. Eine Freundin erzählt von einer Reise. Ohne Schwierigkeiten können Sie ihrem Bericht folgen.

Unterscheidung: deklarativ und prozedural

Dinge, an die man sich erinnert, weil man eine Erfahrung gemacht hat, und Dinge, die man weiß, weil man sie gelernt hat, fallen in die Zuständigkeit des deklarativen Gedächtnisses.

Dinge, die Sie können, weil Sie sie geübt und angewendet haben, also Dinge, die Sie nicht durch Worte lernen oder lehren können, fallen in die Zuständigkeit des prozeduralen Gedächtnisses. Dieses Wort leitet sich aus dem lateinischen „procedere" (ablaufen) ab.

Angenommen, Sie läsen ein Buch über das Klavierspielen, dann könnten Sie danach noch lange nicht spielen! Sie müssen es üben, Sie müssen das Wissen darüber anwenden. Würden Sie ein Buch über Fahrradfahren lesen, ginge es Ihnen genauso. Sie müssen es probieren, an Ihre Körperreaktionen und an den Gleichgewichtssinn appellieren, dann können Sie Fahrrad fahren. Weiter angenommen, Sie sähen eine Obstschale auf dem Tisch stehen. Sie werden sie spontan als solche erkennen und aufnehmen, ohne das Material der Schale oder die Obstsorten detailliert zu analysieren. Wohl werden sich Gefühle einstellen: die Schönheit und Fülle des Obstes, die Pracht der Farben. Der Anblick kann dazu beitragen, dass Ihnen „das Wasser im Mund zusammenläuft". Wertend werden Sie sie als „schön" in Erinnerung haben.

Dinge, die Sie können, weil Sie sie geübt und angewendet haben, und Dinge, die Sie assoziieren, weil Sie sie wiedererkennen, fallen also in die Zuständigkeit des prozeduralen Gedächtnisses.

deklaratives Gedächtnis		prozedurales Gedächtnis	
Erinnern (erfahren)	Wissen (lernen)	Können (üben, anwenden)	Erkennen (assoziieren)
Geburtstagsfeier, Reise	Schulwissen (Dreißigjähriger Krieg)	Gitarre spielen, Rad fahren	Essgewohnheiten, Obstschale

Durch die Betrachtung der Aufgabenteilung der beiden Gehirnhälften, die zahlreichen Lernfunktionen und die Funktionsweisen des Gedächtnisses haben wir uns einen Überblick verschafft über die verschiedenen Perspektiven der Denkvorgänge. Die beiden Arten des Gedächtnisses, die sich in deklarativ und prozedural teilen, bringen uns die Perspektive der Verbindung von rechter und linker Gehirnhälfte am nächsten. Den Dreißigjährigen Krieg werden Sie faktisch nicht mit vielen Emotionen verbinden, denn Sie haben ihn nicht erlebt. Stärker emotional bewegt werden Sie bei der Erzählung Ihrer Freundin sein, die von ihrer Reise berichtet. Noch mehr emotionale Erinnerung wird wach, wenn Sie sich an die anstrengenden ersten Unterrichtsstunden am Klavier erinnern, für die Sie lange und mühsam üben mussten, bis Sie spielen konnten. Und beim Versuch, Radfahren zu lernen, erinnern Sie sicherlich noch an den schmerzhaften Sturz („Ich weiß es, als wäre es gestern gewesen") oder die Obstschale auf dem Tisch („Ich habe den Duft noch heute in der Nase").

Alles, was Sie mit dem Gefühl verknüpfen, merken Sie sich über die rechte Gehirnhälfte.

Denken Sie einmal an eine Situation, vielleicht aus Ihrer Kindheit, die Sie als schön in Erinnerung haben. Sie werden mit leuchtenden Augen alles das beschreiben, was Sie heute noch glücklich nachempfinden können: z. B. den Geruch des Kartoffelfeuers im Garten, den Duft einer bestimmten Seife, den Geschmack der Erdbeeren oder Pfirsiche, aber auch die Spannung, die beim Spielen entstanden ist. Umgekehrt fallen Ihnen diese Situationen ein, wenn Sie eine bestimmte Seife riechen, wenn Ihnen der Duft von brennendem Holz in die Nase steigt, wenn Sie Erdbeeren oder Pfirsiche essen. Bei diesen Erinnerungen sind beide Gehirnhälften beteiligt. Deshalb ist die Erinnerung auch noch so präsent.

Folgerungen für das Lernen

- Die Lernfunktionen werden nicht einzeln geübt, sondern miteinander verknüpft.
- Ziel des Trainings ist die Aktivierung geistiger, seelischer und körperlicher Funktionen.
- Trainiert wird spielerisch. Die Teilnehmer werden gesund gefordert. Die kognitive Dimension wird über andere Dimensionen erschlossen.

Hinzu kommen Bewegung, Gefühle, Kommunikation, Fantasie und Kreativität, Entspannung (nach der Philosophie von

Gottfried Wilhelm Leibniz ist das die Dreiheit von „Körper –
Seele – Geist").

> Das ganzheitliche Lernen hat eine ganzheitliche Wirkung
> auf Körper, Seele und Geist.

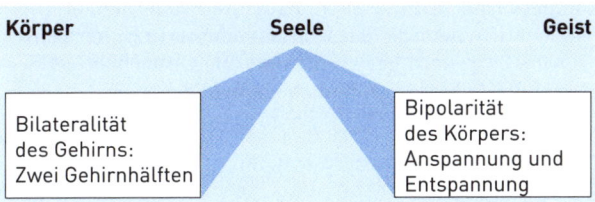

Der Bilateralität des Gehirns entspricht die Bipolarität der
Körperfunktionen von Anspannung und Entspannung.

Der „ganzheitlich" lernende Mensch

Um „mit allen Sinnen" effektiv lernen zu können, müssen
alle Elemente zusammenkommen, die das Lernen bzw. die
Verankerung im Langzeitspeicher fördern.

Übung: „grafisches Zeichnen" beim Lernen

Besorgen Sie sich eine Schachtel mit vielen Stiften in
verschiedenen Farben.
Setzen Sie sich dann zum Lernen bequem hin – auf ein Sofa,
in einen Sessel, auf einen Stuhl –, wie es für Sie angenehm
ist. Der Körper soll entspannt sein und Sie in Ihrer Aufmerksamkeit nicht stören. Wenn Sie den Lernstoff durchgehen,
markieren Sie sich wichtige Stellen. Beim Lesen fällt Ihnen
vielleicht noch eine andere Perspektive ein. Die wird dann
mit einer anderen Farbe gekennzeichnet.
 Wenn Sie sich Stellen aus Ihrem Text herausschreiben,
denken Sie daran, dass Sie nicht nur in Buchstaben das
notieren, was für Sie wichtig ist, sondern dass Sie auch
zeichnen und malen. Sie können nicht zeichnen?

Es geht nicht um künstlerische Gestaltung, sondern um grafische Darstellung, einfach eine andere Art von Schrift. Das kann jeder, Sie auch! Schreiben ist eine Art Grafik, die Sie als Kind allmählich gelernt haben. Erinnern Sie sich an die ersten langsamen und unbeholfenen Schriftzüge? Längst schreiben Sie fließend.

Wenn Sie heute beginnen, langsam zeichnerische (rechtshemisphärische) Elemente in Ihre Notizen aufzunehmen und sie immer wieder anwenden (= üben), dann können Sie nach kurzer Zeit auch schneller zeichnen!

Beispiel

Angenommen, Sie machen sich Notizen zu einem Referat über den Dichter Max Frisch. Sie wollen festhalten, dass sein Vater als Architekt keinen Erfolg hatte und später Grundstücksmakler war. Eine herkömmliche Notiz sieht dann so aus: Vater Architekt, Grundstücksmakler.

Nun kombinieren Sie Schrift mit Gezeichnetem und notieren:

Sie zeichnen also die Silhouette einiger Hochhäuser, und das Büschel Gras symbolisiert das Grundstück, auf dem die Häuser stehen. Das dauert zu lange?

In dem Moment, in dem Sie die Häuser und das Gras gezeichnet haben, haben Sie Ihrem Lerngegenstand eine Weile erhöhte Aufmerksamkeit geschenkt. Sie sind dabei geblieben, haben die Aussage aufgenommen und einen Teil davon gezeichnet.

Sie werden später feststellen: Allein dadurch haben Sie es sich gemerkt!

Wenn Sie nun noch den Text, den Sie lernen wollen, laut sprechen und ab und zu aufstehen und herumgehen, sich strecken, die Körperposition ändern und damit die Durchblutung in Schwung bringen, haben Sie wieder einige Elemente des ganzheitlichen Gedächtnistrainings in Ihr Lernen hineingenommen. Also:

Lautes Lernen fördert den Haftwert des Lernstoffs.

Wenn Sie den Text jetzt noch mit innerer Anteilnahme aufnehmen, sich ihm auch gefühlsmäßig zuwenden, werden Sie sich in kurzer Zeit den Text „zu eigen gemacht", „verinnerlicht" haben. Unsere Sprache verrät viel von dem, was notwendig und wichtig ist. Das, was Ihnen gehört, Ihr „Eigenes", beherrschen Sie, damit können Sie umgehen, darüber können Sie sprechen, es ist in Ihnen, es ist verinnerlicht, also nach innen aufgenommen, in Sie hineingenommen. Sie können es nun weitergeben, nicht weil Sie es auswendig gelernt haben, sondern weil es inwendig geworden ist!

Weitere Komponenten sind beim Lernen wichtig. Sie sollten ausreichend schlafen, essen und trinken und nach einer Mahlzeit eine Pause machen. Gestalten Sie diese Dinge nach Ihrem Empfinden. Der eine schläft morgens lieber etwas länger, braucht nur zwei (oder drei) große Mahlzeiten am Tag und nach dem Essen Bewegung und arbeitet gern in den Abend hinein. Der andere steht morgens lieber etwas früher auf, nimmt vier oder fünf kleine Mahlzeiten zu sich und legt sich nach dem Essen eine halbe Stunde hin.

Seit langer Zeit ist wissenschaftlich erwiesen, dass der Mensch sich höchstens anderthalb bis zwei Stunden am Stück konzentrieren kann. Dann braucht er eine Pause. Wenn Sie ausreichend viele Mnemotechniken gelernt haben und diese untereinander verknüpfen können, werden Sie Ihren Lernblock auf vier Stunden am Stück (mit vier Pausen à fünf Minuten) erweitern können.

Achten Sie in jedem Fall auf Ihr Leistungshoch und machen Sie wirklich eine Pause.

Das bedeutet, dass Sie den Stoff nicht noch mal repetierend durchgehen, während Sie das Zimmer verlassen. Sie sollen mit ebenfalls ganzer Konzentration eine Tasse Tee oder Kaffee trinken, den Müll herunterbringen (damit haben Sie schon ein bisschen Bewegung) oder die Geschirrspülmaschine ausräumen. Egal was Sie machen, zwei Dinge sind dabei zu beachten: Machen Sie es ganz, und machen Sie in jedem Fall etwas anderes als das, was Sie gerade getan haben. Es wäre also schlecht, jetzt zur Zeitung zu greifen und zu lesen oder irgendeine andere Gehirntätigkeit auszuüben.

Wenn Sie auf einem unbequemen Stuhl sitzen während des Lernens, können Sie sich nicht konzentrieren. Andererseits sollen Sie immer mal aufstehen und im Zimmer umhergehen. Wichtig ist, dass Sie Ihren Lernstoff laut sprechen. Achten Sie darauf, dass Sie nicht durch Geräusche gestört werden. Radio oder Fernseher während des Lernens lenken ab, trotz hartnäckiger gegenteiliger Behauptungen. Wenn Vera Birkenbihl sagt, dass das Erlernen einer Sprache unterstützt wird, wenn neben anderer Tätigkeit eine CD in dieser Sprache abläuft, dann hat sie Recht. Eine ebenso große, aber ablenkende Wirkung hat die Geräuschkulisse von Radio oder Fernsehen.

Gähnen Sie zwischendurch, recken und strecken Sie sich. Das fördert die Durchblutung und regt den Kreislauf an. Lassen Sie Gefühle zu, die sich dann niederschlagen in lautem, wütendem Sprechen (weil Sie sich die Liste, an der Sie lernen, nicht so schnell merken, wie Sie gern möchten), skandieren Sie Ihre Texte, heben Sie Betonungen hervor, variieren Sie Ihre Stimme und unterstützen Sie so den emotionalen Anteil des Lernens. „Mit der Stimme?" werden Sie fragen. Nun, ist Ihnen schon mal aufgefallen, dass die Begriffe „Stimme" und „Stimmung" denselben Wortstamm haben?

Befolgen Sie den Rat aus der letzten Übung. Besorgen Sie sich die Utensilien, bevor Sie mit dem Lernen beginnen: 20 verschiedene farbige Stifte (10 reichen auch), Papier und ein bisschen Mut. Mut? Wozu? Zum Zeichnen, zum lauten Sprechen, auch wenn Sie allein sind, zu ungewöhnlichem Verhalten (in der Wohnung umhergehen) … und haben Sie Geduld. Sie wissen: Die rechte Gehirnhälfte liebt Bilder und Farben!

Lernen lernen

Für alle Lernbereiche bietet das Gedächtnistraining adäquate Methoden, um das Lernen und Behalten von Wissen zu erleichtern. Auf diese Weise entsteht ein Netz, das das Wissen auffängt und Möglichkeiten zur Verknüpfung bietet. Durch den Erwerb von Wissen wird dieses Netz immer dichter, und schon nach kurzer Zeit konsequenter Anwendung kann man feststellen, dass man leichter lernt, sich schneller erinnert und mehr weiß.

Erinnern Sie sich bitte noch einmal an das Bild vom Lernen in einem „world wide web". Auch das Ergebnis des Lernens lässt sich mit einem Netz vergleichen. Sie bauen ein Wissensnetz auf, dessen Entstehen mit der Arbeit einer Spinne zu vergleichen ist, die ihr Netz baut. Wenn Sie mit dem Lernen beginnen, ist Ihnen fast alles neu. Mühsam versuchen Sie, sich alles zu merken. Je länger Sie lernen, desto bekannter sind Ihnen die Fakten, weil Sie sich schon eine ganze Weile damit beschäftigen.

Das meiste gehört noch zum passiven Wissen: Sie erkennen es wieder, können es aber nicht beschreiben oder aktiv anwenden. Je mehr Sie lernen, desto dichter wird Ihr Wissensnetz, und umso schneller und leichter lässt sich neues Wissen hinzufügen.
Der Spinne im Wald oder im Garten geht es genauso. Mit einem einzigen Faden fängt sie keine Beute. Wird das Netz

aber dichter und dichter, wächst auch die Chance, dass sich Beute darin verfängt. Und wenn Sie einmal ein vollständiges Spinnennetz in der Natur anschauen, werden Sie vor lauter Fäden den grünen Hintergrund der Blätter kaum noch sehen können. Egal an welcher Stelle die Beute ins Netz fliegt, sie bleibt haften. Genauso ergeht es Ihnen mit Ihrem Wissensnetz. Wenn Sie sich einmal in einer Sache auskennen, werden Sie neues Wissen aufgrund Ihrer schon erworbenen Kenntnisse ganz leicht hinzulernen.

Und wenn dann mal ein Faden reißt ...? Macht nichts, lässt sich kleben!

Nicht in jedem Bereich ist jede Technik gleich effektiv. Es gibt aber die Möglichkeit, die unterschiedlichen Techniken miteinander zu verknüpfen. Und nun noch ein paar Voraussetzungen, unter denen effektives Lernen optimal stattfinden kann.

Voraussetzungen für optimales Lernen

In der amerikanischen Zeitschrift „neuroscience" konnte man Anfang 2006 einen Artikel lesen über die Bedeutung des Schlafs für das Lernen. Dass der Schlaf das Antistressmittel schlechthin ist, wissen wir alle.

Nach gutem Schlaf sind wir leistungsfähig und ausgeglichen. Dass aber der Schlaf nach dem Lernen den Lernstoff fester im Gedächtnis verankert, ist jetzt nachgewiesen.

Es reicht zwar nicht aus, das Schulbuch unter das Kopfkissen zu legen und darauf die Nacht zu verbringen, aber dieses Bild gibt auf gute (rechtshemisphärische) Art und Weise wieder, was der Schlaf in Bezug auf den Lernstoff bewirkt.

Exkurs zur Forschung

US-Forscher haben mithilfe der Kernspintomografie das Zusammenspiel der jeweils aktiven Regionen des Gehirns beobachtet. Nach späteren Gedächtnistests hat sich bestätigt, dass Schlaf den Lernerfolg verbessert. Die Aufnahmen haben gezeigt, dass sich die aktiven Hirnregionen während des Schlafs sozusagen in effizientere Speicherregionen innerhalb des Gehirns verschieben mit dem Ergebnis, dass Gedächtnisinhalte später im Wachzustand schneller und genauer und mit weniger Stress und Anspannung abgerufen werden können.

> Wenn also eine Weile neu Gelerntes im Gehirn verfestigt und verankert wird, dann geschieht das zunächst mithilfe von Lerntechniken und anschließend mithilfe von Pausen.

Und dann gibt es noch eine dritte Dimension, die beim effektiven Lernen wichtig ist: das Vergessen!
Sie haben zu Beginn dieses Buches den so genannten sensorischen Speicher kennengelernt, besser bekannt unter dem Begriff „Ultrakurzzeitgedächtnis". In dieser Gedächtnisfunktion entscheidet das Gehirn, ob es das Aufgenommene verankern will oder nicht.

Dieser Prozess gelangt nicht in Ihr Bewusstsein. Das meiste wird herausgefiltert. Denn stellen Sie sich vor, Sie behalten alles, was Sie am Tag sehen: jede kleinste (unwichtige) Bewegung, jeden Gegenstand, so oft Sie ihn anschauen – zum Behalten von wirklich Wichtigem wäre nach kurzer Zeit kein Platz mehr. Also ist es wichtig, Dinge auch (schnell) wieder zu vergessen. Das hat eine reinigende Wirkung auf das Lernen.

Auf den Punkt gebracht

Sie benötigen zum ganzheitlichen Lernen:

- eine bequeme Sitzposition,
- bunte Stifte,
- Papier.

Sie sollen während des Lernens:

- zeichnen,
- laut sprechen,
- Gefühle zulassen,
- immer mal aufstehen und gehen, sich recken.

Sie sollen zum psychologischen Hintergrund wissen:

- Trainingsfelder werden nicht einzeln geübt, sondern miteinander verknüpft.
- Ziel des Trainings ist die Aktivierung geistiger, seelischer und körperlicher Funktionen.
- Trainiert wird spielerisch, aber mit gesunder Selbstforderung. Die kognitive Dimension wird über andere Dimensionen erschlossen.
- Das Ultrakurzzeitgedächtnis ist der erste Filter, durch den alles läuft, was wahrgenommen wird.
- Im Kurzzeitgedächtnis wird bewusst entschieden, was im Langzeitgedächtnis endgültig abgespeichert werden soll.
- Erfahrung und Lernen sind Leistungen des deklarativen, Können und Assoziieren sind Leistungen des prozeduralen Gedächtnisses.
- Mithilfe von Mnemotechniken muss das Gelernte viel seltener wiederholt werden.

3 Zeit – Ordnung – Organisation

Die äußeren Voraussetzungen

Unser Alltagsleben lässt uns meistens nicht viel Zeit für scheinbar unwichtige Dinge. Sicher kennen Sie Folgendes: Sie haben vieles erledigt, einiges davon spontan, anderes mit entsprechender Vorbereitung – und dann bleibt keine Zeit mehr fürs Aufräumen, für die „Nachbereitung". Ist ja auch nicht so schlimm ... bis Sie morgen auf dem Schreibtisch verzweifelt nach der Visitenkarte von Frau X. oder Herrn Y. suchen, die aufgrund Ihres hervorragenden Vortrags am Produkt Ihrer Firma interessiert ist, was Ihnen noch dazu eine hübsche Provision einbringen würde.

Gut, es muss nicht immer so sein. Manches ist nicht ganz so wichtig, aber es ist immer ärgerlich.

> Wenn wir uns also über ein gutes Gedächtnis unterhalten, dann müssen wir auch über Ordnung sprechen.

Das Gehirn liebt Ordnung; es kann ohne Ordnung gar nicht funktionieren. Das kommt daher, weil jedes Glied der Kette, jede einzelne Zelle des Gehirns, eine bestimme Aufgabe hat, und eben nur eine. Ihrem Schreibtisch ist es egal, an welcher Stelle die Visitenkarte des Kunden liegt. Ihrem Gehirn ist es wichtig, dass erlerntes Wissen lediglich an einer einzigen Stelle abzulegen, zu verankern ist. Das Gehirn lässt nicht mit sich handeln, es verlangt von Ihnen Ordnung.

Die Ordnung in Zeit, Raum und Tätigkeit kennen Sie unter dem Begriff „Zeitmanagement". Auch hierüber gibt es hervorragende Literatur. Wir behandeln hier nur die Themen, die fürs Lernen wichtig sind.

Wir haben ganz am Anfang festgehalten, dass Sie sicherlich zu diesem Buch gegriffen haben, um mit der verbesserten Gedächtnisleistung auch Zeit zu sparen. Sie hatten aber vielleicht einige Bedenken, als Ihnen klar wurde, dass das Erarbeiten von Lerntechniken Zeit braucht. Beginnen Sie an dieser Stelle mit dem Sortieren.

An dieser Stelle steuern Sie Ihren Lernerfolg!

Treffen Sie einfach die Entscheidung darüber, was Ihnen im Moment am wichtigsten ist. Wenn Sie dringend eine Verbesserung des Zahlengedächtnisses brauchen, sich aber gut Namen merken können, dann lassen Sie das Kapitel „Namen merken" erst mal weg und konzentrieren Sie sich auf Ihr Zahlengedächtnis. (Es empfiehlt sich, später trotzdem das Kapitel über die Namen zu lesen.)

Dann schauen Sie, was Sie jetzt dringend brauchen und was sich auf später verschieben lässt. Müssen Sie jetzt unbedingt eine Sprache lernen, dann konzentrieren Sie sich auf die entsprechende Technik und schieben die anderen Themen erst einmal beiseite. Damit schaffen Sie Ordnung in Ihrer Planung, motivieren sich durch Prioritäten und entlasten sich von Aufgaben, die Sie auch später noch erledigen können. Und das bezieht sich nicht nur auf das Erlernen von Gedächtnistrainingstechniken.

Auch in den anderen Bereichen können Sie Prioritäten setzen. Die eine oder andere Technik bietet sich im Alltag an, Sie müssen sie sich nur bewusst machen.

Kleine Beispiele zu entlastendem Strukturieren

Wenn Sie z. B. immer im selben Supermarkt einkaufen, dann machen Sie es sich zur Gewohnheit, immer denselben Weg zu gehen, d. h. immer in derselben Reihenfolge an den Produkten entlangzugehen. Das Anschauen der Waren immer in derselben Folge stellt für Sie eine praktische Orientierung dar. Hier bietet nicht eine bestimmte Mnemotechnik die Merkstruktur, sondern die immer gleich gefüllten Regale des Geschäfts.

Auch das Problem des ständig verlegten Schlüssels lässt sich mit einigen Tricks lösen. Hinter der Wohnungstür hängt ein Schlüsselschränkchen, in das sofort nach Betreten der Wohnung der Schlüssel deponiert wird, und zwar jedes Mal! Auch wenn das Telefon gerade klingelt! Wenn man unterwegs ist, hat der Schlüssel immer seinen Platz in einer bestimmten Seitentasche der Handtasche oder (mit einem Karabinerhaken als Schlüsselanhänger an der Gürtelschlaufe befestigt) in der linken Hosentasche.

Dasselbe funktioniert mit Aktenordnern, die mit den großen Anfangsbuchstaben des Inhalts oder mit einer Grafik oder mit einem Bild (rechte Gehirnhälfte) beschriftet sind. Beispielsweise ziert ein Haus den Aktenordner „Haus" – das Wort ist zwar kurz, aber ein gezeichnetes Haus fällt schneller ins Auge! Meine Aktenordner mit Unterlagen für die Gedächtnistrainingsseminare sind beschriftet mit SEM und darunter GT.

Ordnen beim Aufbewahren, um Suchen zu vermeiden

Was sonst aufzubewahren ist, hat immer eine bestimmte Schublade des Schrankes oder der Kommode; Zeitschriften haben einen Ständer oder ein Fach im Wohnzimmerschrank. Bedienungsanleitungen finden Raum unter dem Fernseher oder der Stereoanlage.

> Wählen Sie Orte, die „sinn-"voll sind, um diese Unterlagen aufzubewahren.

Dann darf man getrost „vergessen", wo man diese Sachen hingelegt hat. Sicher kennen Sie den Satz: „Nur der Kleingeist liebt die Ordnung, das Genie überblickt das Chaos." Ich habe den Satz geändert: „Der Kluge liebt die Ordnung und überlässt das Chaos dem Genie." Aber wer bitte, ist schon genial?

Genauso wichtig ist die Ordnung im Kopf

Ordnen Sie Ihre Ziele und Ihr Vorgehen. Nehmen Sie sich täglich einen bestimmten Zeitraum oder ein Thema. Sie werden später sehen, dass man auch während des Arbeitens an diesen Techniken lernen kann.

Sollen Sie denn nun ab jetzt alles mit Gedächtnistrainingstechniken lernen? Nein. Das geht auch gar nicht. Denn diese Techniken schalten nicht automatisch alles aus, was die Pädagogik über das Lernen erforscht hat. Die Forschungsergebnisse behalten ihre Gültigkeit. Sie werden nur an bestimmten Stellen durch Mnemotechniken ergänzt oder erweitert.

Als Selbstzweck sind sie nur eine Art Zirkusnummer und auf Dauer langweilig. Wenn Sie aber damit ein Ziel erreichen wollen, dann potenziert sich die Kraft, die Sie hineingeben. Angenommen, Sie setzen Ihre Mnemotechniken in Ihrem Alltag zu 20 Prozent ein, dann können Sie einen Gewinn von 80 Prozent erzielen.

Zusammenfassend:
- Ein gutes Zeitmanagement ist eine wichtige Grundlage für das Gedächtnistraining.
- Vorbereitung und Nachbereitung sind zeitraubend, aber wichtig: „Wenn du es eilig hast, mache einen Umweg!" (chinesische Weisheit).
- Ordnung erleichtert den Alltag und ermöglicht es den Menschen, sich auf Wesentliches zu konzentrieren.

4 Das ganzheitliche Lernen

Das Wichtigste zum Lernprozess

Besinnen Sie sich zunächst darauf, wie Sie das meiste dessen, was Sie wissen, gelernt haben: Das meiste von dem, was Sie hören, merken Sie sich einfach so. Vieles, mit dem Sie sich beschäftigen, bleibt schon durch die regelmäßige Beschäftigung im Gedächtnis hängen. Für den Rest brauchen Sie Techniken. Denn dieser „Rest" ist Ihr Stressverursacher. Warum?

Ausgangsposition

Sicher sind Sie schon in der Situation gewesen, dass Ihnen die Bedeutung eines Fremdwort, das Sie oft gehört haben, unbekannt war. Eines Tages schlagen Sie im Wörterbuch nach. Nach einiger Zeit hören Sie das Wort wieder, aber Sie erinnern sich nur noch vage und schauen nicht noch einmal nach. Später begegnet Ihnen der Begriff wieder, und Sie ärgern sich. Sie haben aber im Moment „keine Zeit", um nachzuschauen. Sie nehmen sich vor, nachher zu Hause nachzusehen. Später zu Hause vergessen Sie es.

Am nächsten Tag werden ausgerechnet Sie nach diesem Wort gefragt. Nun kommt noch ein Ärger hinzu. Offenbar ist dieser Begriff nicht sehr vielen Menschen geläufig. Sie hätten jetzt natürlich mit der richtigen Information glänzen können. Aus dem „später zu Hause nachsehen" wird aber wieder nichts usw. Mit diesem Beispiel will ich Ihnen nur bewusst machen, wie viel Zeit, Frustration und vielleicht auch Stress entstanden ist nur durch die Tatsache, dass Sie beim ersten Nachschlagen die Bedeutung des Fremdwortes nicht gehirngerecht und damit für immer verankert haben.

Natürlich können Sie sich beruhigen und sich sagen: „Die anderen wissen auch nicht alles." Das stimmt, aber Ihr Gefühl der Unsicherheit beruhigt sich nicht; es verschwindet nicht. Stellen Sie sich vor, Sie gehen im Winter über einen zugefrorenen See. Sie wissen aber, dass das Eis an einigen Stellen, etwa zu fünf Prozent der Eisfläche, nicht trägt. Aber diese unsicheren Stellen kennen Sie nicht. Das Ergebnis: Sie sind bei jedem Schritt und damit zu 100 Prozent unsicher, weil Sie immer damit rechnen, einzubrechen. Sie wissen ja nicht, wo das Eis Sie trägt und wo nicht.

Es nützt Ihnen also gar nichts zu wissen, dass 95 Prozent des Eises stabil sind. Ihre Unsicherheit beträgt nicht 5 Prozent sondern ganze 100 Prozent, weil Sie auch bei den sicheren 95 Prozent vorsichtshalber gegensteuern. Erinnern Sie sich an eine Prüfung, zu der Sie zwar vorbereitet waren, aber Ihren Kenntnissen nicht getraut haben? („Ich bin kein Prüfungstyp!") Ihr Wissen war nur nicht zu 100 Prozent sicher. Mit Vorbereitung und den Mnemotechniken an den entsprechenden Stellen sind Sie von heute auf morgen ein „Prüfungstyp".

> Es ist äußerst befriedigend, auf ein sicheres Wissen zurückgreifen zu können.

In Prüfungen und Verhandlungsgesprächen strahlen Sie damit genau die Sicherheit aus, die Sie erfolgreich macht. An diesem Erfolg freuen Sie sich, der Stress verwandelt sich in Freude, und Sie gewinnen in kürzester Zeit den Ruf eines kompetenten, erfolgreichen Menschen! Ihre Unsicherheit verschwindet, und Sie gewinnen Selbstbewusstsein.

Erste Mnemotechnik: die Eselsbrücke

Im Alltag wenden wir immer wieder die eine oder andere Mnemotechnik ansatzweise an. Wir verwandeln Fakten in Wissensstückchen um. Erinnern Sie sich, dass Sie sich zu Beginn des Buches gemerkt haben, für welche Art von Denken bzw. Lernen die linke und die rechte Gehirnhälfte zuständig sind: links für das intellektuelle, rechts für das kreative Lernen. Dies war schon eine erste Eselsbrücke.

Noch ein Beispiel: Wenn wir nun lesen, dass Max Frisch 1911 geboren wurde, und wir denken: „Ach ja, das ist ja das Geburtsjahr meiner Großmutter/meines Urgroßvaters" o. Ä., dann haben wir ebenfalls eine Eselsbrücke gebaut.

Die Eselsbrücke ist keine definierte Lerntechnik, sondern wir greifen willkürlich nach der erstbesten Verankerung, die uns einfällt. Oft reicht das aus, aber nicht immer. Das Wissen ist damit noch nicht endgültig, weil noch nicht ganzheitlich verankert.

Dieser Punkt wird später beim Thema „Lernen mit Bildern" noch einmal aufgegriffen und weiter vertieft.

Anwendungsbeispiel

Im Musikstudium merkten wir uns das Geburtsjahr der „drei großen S": die drei Komponisten Schütz, Schein und Scheidt wurden in den Jahren 1585, 1586 und 1587 geboren. Leicht zu merken war anschließend auch, dass genau 100 Jahre später, also 1685, die beiden größten Komponisten der Barockzeit, Bach und Händel, geboren wurden.

Übung

Suchen Sie für den Lernstoff, der für Sie im Moment aktuell oder im Alltag wichtig ist, solche Eselsbrücken und probieren Sie aus, ob und wie Sie sich Dinge damit leichter merken können.

Sie können später zum selben Stoff andere Techniken probieren, die im Buch noch vorgestellt werden und vergleichen, was auf Dauer effektiver ist.

Solches Wissen schafft Orientierung, z. B. für jedes Datum, das hinzukommt. Epochen bekommen klarere Umrisse, große Persönlichkeiten lassen sich leichter zuordnen.

Noch ein Beispiel: Im gymnasialen Musikunterricht haben die, die kein Instrument gespielt haben, sich die Noten in den

vier Zwischenräumen der fünf Notenlinien gemerkt:
f – a – c – e
Einfach so? Nein, mit dem Satz: „Fritz aß Citronen-Eis."
Auch wenn wir dafür die Zitrone mit C schreiben müssen und das zusammengesetzte Hauptwort mit Bindestrich; wichtig war, dass es klappte. Die Namen der Noten auf den Linien e – g – h – d – f hatten natürlich auch einen Satz: „Es geht hurtig durch Fleiß." Wir lernen diese Technik später noch genauer als „Initialisieren" kennen.

Doch diese Beispiele stehen auf schwachem Boden, wenn wir bedenken, dass sie ja für immer im Langzeitgedächtnis aufgehoben werden sollen. Zahlen an Personen festmachen, Noten an Sätzen, deren Wörter bzw. Anfangsbuchstaben die Notennamen sind, das bedeutet Lernstoff an Sprache festmachen. Um die Zahlen und Noten wirklich zu speichern, müssen wir noch ein Bild und eine Bewegung hinzunehmen. Besser ist da schon der bekannte Satz, mit dem man sich das Datum der Schlacht bei Issos merkt:
Drei – drei – drei
bei Issos Keilerei.
Hier haben wir einen Endreim und einen Rhythmus, der uns hilft, die Zahl zu merken.

Wie merken Sie sich Telefonnummern? Als Muster auf der Tastatur? Auch das ist eine Methode, sich Zahlen zu merken. Manche Menschen merken sich den Ton, den die Taste beim Eintippen einer Zahl erklingen lässt und erkennen dann die Telefonnummer an der Melodie. Auch hier ist die rechte Gehirnhälfte schon mit einbezogen.
Wann immer Sie sich einer der oben genannten Lernfunktionen bedienen, lernen Sie bereits ganzheitlich.

Aber um Wissen wirklich endgültig abspeichern zu können, brauchen Sie ALF – nein, Sie müssen nicht nach Melmark fliegen.

Unser ALF bedeutet:
- Anker,
- lebendiges Bild,
- Fantasie und Kreativität.

Alles, was Sie sich merken wollen, müssen Sie verankern mit einem übertriebenen Bild, mit einer Bewegung und mit viel Fantasie. Wie das gemacht wird, lesen Sie in Kapitel 5.

Elemente und Schwerpunkte beim Lernen

Haben Sie bitte noch ein „paar wenige Seiten" Geduld, auch wenn Ihr „Leidensdruck" vielleicht schon so groß ist, dass Sie dringend etwas tun wollen. Damit die Techniken sofort Erfolg haben und dann nachhaltig helfen, sollten Sie die Durststrecke durch eine Vertiefung des schon mehrfach angesprochenen Themas „Lerntechnik" noch durchhalten!

Gehen Sie machbare Schritte

Dieses Buch zeigt Ihnen Techniken, die in der Anwendung klar und überschaubar sind. Nehmen Sie sich zuerst das Thema vor, das für Sie am wichtigsten ist. Anschließend schauen Sie auch in die anderen Kapitel, um Ihre Fähigkeiten zu erweitern und auch auf andere Bereiche auszudehnen.

In Kapitel 5 können Sie lernen, wie Sie sich Einkaufslisten, Telefonnummern, Fremdwörter oder Vokabeln, historische Daten, Geburtstage und Passwörter merken.

Mit dem einen Thema werden Sie relativ leicht zurechtkommen; einen anderen Bereich empfinden Sie dagegen als schwieriger. Viele Menschen berichten, dass sie sich Zahlen nicht so gut merken können. Noch schwieriger wird es zum Beispiel im Bereich Musik („Ich bin unmusikalisch"). Der französische Arzt Alfred Tomatis hat in seinem Buch „Der Klang des Lebens" interessante Zusammenhänge zur Wirkung der Stimme auf das ungeborene Kind beschrieben.

Exkurs zu abstrakten Lernstoffen

Mit Sprache sind wir bereits im Mutterleib vertraut. Wissenschaftliche Forschung hat bewiesen, dass das Kind sehr stark durch den Klang der Stimme der Mutter geprägt wird, auch wenn es noch nicht geboren ist. Das Baby empfindet die Stimme der Mutter als „Musik" und fühlt sich wohl. Ist es dann auf der Welt, lernt es vorwiegend über Sprache.

Die Musiktheorie, die später als schwer zu lernen empfunden wird, ist genauso abstrakt wie die Mathematik. Beides wird erst über das Medium „Sprache" vermittelt. Anderes wird mit Sprache direkt gelernt und deshalb als einfacher empfunden. Sie werden sich eine Einkaufsliste leichter merken können als ein Musikstück oder eine mathematische Formel.

Zum Lernen selbst sei gesagt, dass man immer noch „linkslastig", also vorwiegend mit der linken Gehirnhälfte lernt, wenn man sich Sprache durch Sprache merkt und nicht durch Bilder. Hier hinein gehört die im vorigen Abschnitt als „Erste Hilfe" eingeführte Eselsbrücke, bei der wir zum Lernen einen Merksatz, aber kein Bild genommen haben.

Wenn Sie nicht gleich gezielt in einen Abschnitt des Kapitels 5 springen möchten, dann lassen Sie sich von der Abfolge im Buch leiten. Der Grund für die darin gebotene Reihenfolge ist einfach: Wir müssen irgendwo anfangen. Wenn Sie keine eigene Präferenz haben, lassen Sie sich führen, lassen Sie sich auf das Angebot ein, und ich verspreche Ihnen eine kurzweilige Lektüre und ein lustvolles Lernen!

Vermeiden Sie Überforderungen

Damit das Lernen Spaß macht, nehmen Sie sich anfangs nicht zu viel vor! Wenn Sie eine Aufgabe gestellt bekommen – Sie sollen sich beispielsweise eine Reihe von Begriffen merken –, und Sie können sich nur einen kleinen Teil dieser Begriffe merken, dann ist es für Ihren Erfolg vollkommen uninteressant, wie viel Sie sich nicht merken konnten. Wichtig ist, dass Sie sich (noch ohne Technik) überhaupt schon vieles gemerkt haben!

Wie lerne ich?

Schon lange ist wissenschaftlich erwiesen, dass der Mensch sich höchstens anderthalb bis zwei Stunden konzentrieren kann. Danach braucht er eine Pause. Mit den Mnemotechniken dieses Buches können Sie Ihr Lernpensum steigern. Sie können durchaus vier Stunden am Stück lernen, wenn Sie folgenden Rhythmus einhalten: Sie lernen 20 Minuten lang, machen dann 5 Minuten Pause und wiederholen anschließend das Gelernte 5 Minuten lang. Dann lernen Sie wieder 20 Minuten usw., dies über einen Zeitraum von vier Stunden. Sie lernen also achtmal 30 Minuten inklusive Pausen und Wiederholung.

Natürlich müssen Sie auch nach einem Tag oder einer Woche den Stoff noch einmal auffrischen. Wenn Sie das Gelernte „für immer" behalten wollen, wiederholen Sie es nach einem halben Jahr noch einmal. Sie sehen:

Auch mithilfe von Mnemotechniken muss man wiederholen, allerdings in viel größeren zeitlichen Abständen.

Denn das Gelernte „verschwindet" ja nicht mehr aus Ihrem Gedächtnis, weil Sie es dort behutsam verankert haben. Sie lernen also in folgendem Rhythmus:

Der Lernrhythmus auf einen Blick

Wiederholen wir den oben beschriebenen Rhythmus noch einmal übersichtlich und nutzen wir auch gleich ein Bild:

1. 20 Minuten lernen, dann
   5 Minuten Pause, dann
   5 Minuten repetieren … usw.
2. Nach 24 Stunden dasselbe noch mal.
3. Über sechs Tage verteilt repetieren.
4. Nach einem halben Jahr wiederholen, was ins Langzeitgedächtnis soll.

Je ungewöhnlicher, übertriebener, humorvoller und alberner Assoziationen und Eselsbrücken sind, desto leichter und länger behalten Sie sie im Kopf. Sie wissen bereits, dass alles, was der Mensch je aufnimmt, unterhalb des Langzeitgedächtnisses ins Unterbewusstsein rutscht und dort ebenfalls gespeichert wird. In Ihren Träumen kommt dieses Wissen manchmal zum Vorschein, und jeder, der einmal geträumt hat, weiß, dass das Unterbewusstsein seine Botschaften mit skurrilen, vielleicht Angst machenden, aber auch humorvollen, lächerlichen und sogar peinlichen Bildern präsentiert.

Haftwerte

Die Gehirnforschung hat bewiesen, dass wir uns unterschiedlich viel merken können, je nachdem, welche Art des Lernens wir bevorzugen. Wenn wir beispielsweise etwas lesen, merken wir uns nur ganze 10 Prozent. Wenn wir über etwas sprechen, bleiben etwa 70 Prozent in Erinnerung. So kann man die Merkfähigkeit bereits ohne Technik beeinflussen, wenn man darauf achtet, dass mehrere Elemente beim Lernen vorhanden sind.

Sie merken sich durch	
Lesen	10 %
Hören	20 %
Sehen (Bild!) und Lesen	30 %
Sehen und Hören	50 %
Sprechen	70 %
eigenes Tun	90 %
Ich kann gern anfügen: mithilfe der Mnemotechniken, die die rechte Gehirnhälfte einbinden:	100 %

Lerntypen

Wir alle lernen über die Sinne (sensorischer Speicher) und über den Intellekt (linke Gehirnhälfte). Hinzu kommt noch die Bilderwelt der rechten Hemisphäre des Gehirns; erst dann lernen wir „ganzheitlich".

In den Bereichen „Sinne" und „Intellekt" gibt es verschiedene Lerntypen. Natürlich brauchen wir alle Möglichkeiten des Lernens, aber es gibt hier unterschiedliche Schwerpunkte. Es gibt Menschen, die in erster Linie auf Sichtbares reagieren; andere sind schneller aufmerksam bei akustischen Signalen. Der eine liest vielleicht gern zum Thema erst einmal einen Aufsatz oder gar ein Buch (visueller Typ), der andere hört sich erst einmal einen Vortrag an und vertieft das Gehörte später durch die passende Lektüre.

Schwerpunkte der Lerntypen	
Lerntyp	**Lernt bevorzugt über**
Visueller Typ	Lesen
Akustischer (auditiver) Typ	Hören
Motorischer Typ	Bewegung
Haptischer Typ	Fühlen
Intellektueller Typ	Abstraktion
Kombinierter Typ	Durch viele Sinneskanäle

Schließlich finden wir noch den olfaktorischen Typ mit einem verfeinerten Geruchssinn und den gustatorischen Typ mit dem ausgeprägten Geschmackssinn. In das ganzheitliche Lernen fließt von allem etwas ein.

5 Training konkret: Methoden und Techniken

Die Mnemotechniken im Einzelnen

Nachdem Sie wissen, worauf es beim ganzheitlichen Lernen ankommt, geht es jetzt in die Praxis. Abschnitt für Abschnitt wird Ihnen eine weitere Lerntechnik vorgestellt, nach der Sie üben können. Erfolgreiches Lernen hängt von bestimmten Lernfaktoren ab, die immer aktiv sein müssen, um das Gelernte auf Dauer zu erinnern. Mithilfe von Beispielen aus meinem Lernalltag stelle ich Ihnen die Methode kurz vor. Anschließend sind Sie aufgefordert, diese Techniken in Ihrem Alltag am praktischen Beispiel anzuwenden.

Initialisieren

Unter Initialen verstehen wir die Anfangsbuchstaben eines Wortes. Aus Ihrer Jugend kennen Sie vielleicht das Spiel „Stadt – Land – Fluss", übrigens ein hervorragendes Gehirnjogging. Konzentration, Schnelligkeit und Denkflexibilität sind in hohem Maße gefordert.

Einführungsbeispiel

Ich möchte Ihnen ein Beispiel für die Anwendung dieser Technik aus meinem Alltag als Gedächtnistrainerin geben. Häufig sind wir in der Situation, veranlasst etwa durch TV-Quiz-Sendungen, dass wir uns wünschen, bestimmte Dinge klar zu wissen, statt zu überlegen: „Wie war das noch mal?" Ob es sich um die Länder der EU handelt, um Erfinder und Erfindungen oder um die Olympischen Spiele der Neuzeit: Leider haben wir oft nur eine ungefähre Vorstellung davon, wann was gewesen ist, und das verunsichert uns.

Immer wieder werden wir z. B. an Wissen erinnert, das zur Allgemeinbildung gehört, und immer wieder stellen wir fest: Ich habe davon gehört, aber genau weiß ich es nicht. Hierzu gehören beispielsweise die berühmten sieben Weltwunder. Mit viel Mühe erinnern wir das eine oder andere, aber wer kann schon alle sieben benennen?

Am Beispiel der sieben Weltwunder der Antike möchte ich Ihnen hier die Technik des Initialisierens vorstellen:

1.   Die Hängenden Gärten der Semiramis
2.   Der Koloss von Rhodos
3.   Das Grab des Königs Mausolos II. zu Halikarnassos
4.   Der Leuchtturm auf der Insel Pharos vor Alexandria
5.   Die Pyramiden von Gizeh in Ägypten
6.   Der Tempel der Artemis in Ephesos
7.   Die Zeusstatue des Phidias von Olympia

Um sich diese Weltwunder zu merken, muss man natürlich schon einmal von ihnen gehört haben oder sich noch einmal neu mit ihnen beschäftigen:

- Indien-Reisende kennen die Hängenden Gärten bei Bombay und wissen, dass sie terrassenartig angelegt sind und daher so aussehen, als würden sie „hängen".
- Im Griechischen ist ein Koloss ein Riese oder eine Riesenstatue. Wir verwenden das Wort „kolossal" für etwas, das uns groß oder großartig erscheint.
- Grabmale werden auch „Mausoleum" genannt, nach König Mausolos II. bzw. seinem berühmten Grab.
- Das Wort „phare" (frz.) oder „faro" (ital.) für „Leuchtturm" ist zurückzuführen auf den Leuchtturm der Insel Pharos vor Alexandrien.
- Die Pyramiden von Gizeh kennen wir, da sie das einzige der antiken Weltwunder sind, das noch existiert.
- Die Göttin Artemis und den Gott Zeus kennen wir aus der griechischen Antike.

Um sich diese sieben Weltwunder nun einfach zu merken, findet man mit der Technik des „Initialisierens" einen Satz, der aus den Anfangsbuchstaben der sieben Weltwunder besteht:

Die Hängenden Gärten	Große
Der Koloss von Rhodos	Kinder
Das Grab des Königs Mausolos II.	geben
Der Leuchtturm auf der Insel Pharos	lamentierenden
Die Pyramiden von Gizeh	Papageien
Der Tempel der Artemis	täglich
Die Zeusstatue des Phidias	Zucker.

Diesen Satz kann man weit schneller lernen, als sich die Weltwunder „trocken" zu merken. Natürlich müssen Ihnen die zu lernenden Begriffe vorher vertraut sein.

Sie haben hier ein Beispiel dafür, wie man sich Sprache durch Sprache merkt. Das Bild der lamentierenden Papageien, die Zucker bekommen, ist zwar ungewöhnlich, aber nicht irreal. Zumindest ist es vorstellbar. Wir machen uns also kein Bild im Sinne des ganzheitlichen Gedächtnistrainings: verzerrt, übertrieben, unwirklich. Trotzdem funktioniert die Verankerung. Mit dem Ehrgeiz, die Begriffe zu lernen, werden Sie sie behalten. In Schulen wird das Initialisieren manchmal als Technik vorgestellt, um die Schüler zu motivieren, sich für schwierigen Lernstoff Eselsbrücken auszudenken. Dafür wird oft folgendes Beispiel genannt. Ich möchte Sie bitten, diese Aufgabe jetzt ebenfalls zu lösen, allerdings auf herkömmliche Weise, nämlich „linkshirnig".

Zum Ausprobieren

Ich nenne Ihnen jetzt die neun Planeten in der Reihenfolge ihres Abstandes von der Sonne:
Merkur – Venus – Erde – Mars – Jupiter – Saturn – Uranus – Neptun – Eris
Bitte lernen Sie sie jetzt auswendig und versuchen Sie, sie innerhalb von fünf Minuten aufzusagen oder aufzuschreiben. Erst dann lesen Sie bitte weiter.

Wenn Sie noch keine Erfahrung mit gehirngerechtem Lernen haben, wird Ihnen diese Aufgabe zunächst schwerfallen. Sie werden vielleicht das Gefühl der Frustration haben. Vielleicht wird in Ihnen zunächst das alte Gefühl der Ohnmacht wach, das Sie immer gehabt haben, wenn Sie in der Schule, im Studium oder in der Ausbildung für eine Klausur oder Prüfung „trockenen Stoff" zu lernen hatten. Und wieder wird es anstrengend sein, die Namen der neun Planeten zu lernen. Bitte schreiben Sie die Namen der Planeten nun noch ein zweites Mal auf. Waren es noch genauso viele wie vorhin? Oder sogar mehr?

Nun gebe ich Ihnen einen Merksatz zum Lernen der Planeten in der Technik der Initialisierung:
Mein **V**etter **e**rklärt **m**ir jede **S**aison **u**nsere **n**ächtlichen **E**rdtrabanten.

Dies ist ein ganz einfacher, leicht verständlicher Satz. Sie erinnern ihn nach zweimaligem Lesen, ohne ihn ernsthaft „gelernt" zu haben. Sie müssen nur aufpassen, dass Sie die Satzteile nicht miteinander vertauschen, denn sonst würden Sie die Planeten nicht mehr in der Reihenfolge ihrer Entfernung zur Sonne aufzählen können. Auch hier dauert es zunächst eine Weile des Nachdenkens, bevor Sie die Planeten nennen können. Aber so geht es viel schneller, und Ihr neu erworbenes Wissen ist in jedem Fall sicher im Langzeitgedächtnis gespeichert.

Auf eine Kleinigkeit möchte ich noch hinweisen. Machen Sie sich die Mühe und seien Sie exakt. Sie sehen, dass zwei der Planeten mit dem Buchstaben „M" anfangen, Merkur und Mars. Da aber dem Planeten Merkur das Wort „mein" zugeordnet ist, das nicht nur mit „m", sondern mit „me" beginnt wie auch der Planet „Merkur", haben Sie hier noch eine sichere Hilfe dafür, dass Sie Merkur nicht mit Mars verwechseln. Ich notiere Ihnen diese Initialisierung noch einmal als Tabelle:

Merkur	Mein
Venus	Vetter
Erde	erklärt
Mars	mir
Jupiter	jede
Saturn	Saison
Uranus	unsere
Neptun	nächtlichen
Eris	Erdtrabanten.

Sie erinnern sich vermutlich an einige Beispiele aus Ihrer Schulzeit?

Weitere Beispiele

1. Auf S. 38 hatten wir schon bei den Eselsbrücken gezeigt, wie man sich die Notennamen im Violinschlüssel besser merken kann.

Für die Noten, die auf den fünf Notenlinien liegen, wird gern folgender Merksatz benutzt:

Es   geht   hurtig   durch   Fleiß

Für die Noten in den vier Zwischenräumen gilt der Satz:

Fritz   aß   Citronen-   Eis

2. Man merkt sich die fünf Kreuztonarten in aufsteigender Reihenfolge im Quintenzirkel mit dem Satz: Geh, du alter Esel, Hafer fressen. Das stammt zwar auch wieder aus der Musik, aber auch Nicht-Musiker sehen: So lässt sich eine Folge von sechs Buchstaben merken!

G-Dur	Geh,
D-Dur	du
A-Dur	alter
E-Dur	Esel,
H-Dur	Hafer
Fis-Dur	fressen.

3. Hier ein Satz für die Buchstabenfolge E, A, D, G, H, E. In vielen Bereichen muss man sich solche Buchstabenfolgen merken. Musiker erkennen in dieser Folge übrigens sofort die Saiten einer Gitarre.

E	Eine
A	alte
D	Dame
G	geht
H	heute
E	einkaufen.

Übung

Anhand dieser Beispiele möchte ich Sie auffordern, selbst kreativ zu werden. Die Sätze sind äußerst tauglich und anwendbar.
Aber was Sie selbst finden, ist in jedem Fall besser.

Trainieren Sie neben Ihrer Konzentration auch die Lernfunktionen Kreativität und Wortfindung und bilden Sie neue, vielleicht viel bessere, d. h. lebendigere Sätze zum selben Thema.

Noch ein Tipp: rechte Gehirnhälfte ansprechen

Ich hatte Sie schon darauf hingewiesen, dass bei der Initialisierung häufig das übertriebene Bild fehlt. Stellen Sie sich bei den Gitarrensaiten (Beispiel 3 oben) vielleicht schon mal vor, dass die Dame knorrig und alt, aber sehr munter ist, und während sie sich auf dem Markt am Stand das Beste heraussucht, hängt die Gitarre über ihrer Schulter, natürlich riesengroß, damit Sie sie nicht vergessen.

Was nützt es Ihnen, wenn Sie sich den Satz „Eine alte Dame geht heute einkaufen" gemerkt haben, und Sie wissen dann nicht mehr, was Sie sich damit merken wollten. Deshalb ist es wichtig, dass die Gitarre in Ihrem Bild groß oder bunt erscheint, in jedem Fall übertrieben.

Wenn Sie die Initialisierung als Technik verwenden wollen, ist es ganz wichtig, für den gesamten Satz, den Sie finden, ein Bild zu schaffen.

Ein Beispiel: Sie wollen sich die Namen der fünf großen Seen in der amerikanisch-kanadischen Grenzregion merken:
Huron – Ontario – Michigan – Erie – Superior.
Sie sind schon so geordnet, dass sie das Wort HOMES ergeben. Home ist das englische Wort für „Heim", „Zuhause".

Wir greifen nun dem Thema Geschichten ein wenig vor und kombinieren bereits die Techniken: Stellen Sie sich also vor, dass Sie irgendwann einmal, wenn Ihre Lebensarbeitszeit zu Ende ist, sich irgendwo an einem dieser Seen ein „Heim" schaffen wollen, und weil Sie zurzeit noch in die Zukunft träumen und sich noch nicht entschieden haben, träumen Sie also im Plural: „homes". Der „Superior" erscheint in deutschen Atlanten als „Oberer See". Wir können ihn für unser Akrostichon aber besser mit seiner englischen Bezeichnung gebrauchen. So können Sie sich das verträumte Bild vom zukünftigen Heim vorstellen – und da es fünf Seen sind, träumen Sie erst mal von fünf „homes".

Wenn Sie sich selbst Initialisierungen ausdenken, hat das den Vorteil, dass Sie eine Weile brauchen, bis Sie Ihren Satz gefunden haben. Das heißt, Sie beschäftigen sich eine Weile mit dem Thema. Allein dies trägt schon erheblich dazu bei, dass Sie Ihr Wissen dann fest verankern und im Langzeitgedächtnis abspeichern können.
Auch im Alltag können Sie die Technik der Initialisierung gut anwenden, z. B. beim Erstellen von Passwörtern.

Listen

Beginnen wir mit einem Experiment. Bitte merken Sie sich die Liste der folgenden 20 Begriffe. Nehmen Sie sich hierfür einige Minuten Zeit. Anschließend versuchen Sie, diese Begriffe auf einen Zettel zu schreiben.

- Baum
- Lichtschalter
- Hocker
- Auto
- Hand
- Würfel
- Zwerg
- Achterbahn
- Katze
- Bibel
- Fußball
- Geist
- Lift
- Herz
- Ritter
- Teenager
- Kartenspiel
- Feierabendverkehr
- Abendessen
- Tagesschau

Wie viele Dinge haben Sie noch gewusst?

Egal, wie viele es waren: Sie hatten Erfolg! Falls Sie sich „nur" sieben Begriffe gemerkt haben, werden Sie sich fragen, warum ich von Erfolg rede. Ich gebe Ihnen ein Beispiel.
Ein kleiner Junge von acht Jahren spielt im Hof mit einem Ball. Er schießt diesen Ball auf ein Tor, trifft nicht, nimmt den Ball und geht fort. Der Junge war erfolglos.
Ein anderer Junge im selben Alter geht ebenfalls mit seinem Ball in den Hof, schießt gegen das Tor und trifft nicht. Er

schießt noch ein-, zweimal und trifft nicht, aber beim vierten Versuch trifft er ins Tor. Fünf weitere Male trifft er nicht, dann geht der Ball wieder ins Tor. Je mehr er übt, desto mehr Treffer und desto weniger Fehlversuche werden es.

Jeder Versuch dieses Jungen war erfolgreich, auch die Nicht-Treffer. Warum? Auf jeden Schuss erfolgte ein weiterer. Wenn also auf jede Handlung eine weitere Handlung folgt, ist die Handlung immer erfolgreich. Die Treffer sind dann die Ergebnisse. Die Fehlversuche haben einfach kein Ergebnis gezeigt, wohl aber einen Erfolg, wenn darauf ein weiterer Versuch folgte. Und erst dann werden die Treffer häufiger bis hin zu dem Punkt, wo jeder Schuss ins Tor geht.

Nun wissen Sie, warum ich behauptet habe, dass Sie erfolgreich im Lernen dieser Liste waren. Es ist überhaupt nicht interessant, wie viele dieser Begriffe Sie nicht gewusst haben. Was zählt ist, dass Sie sich einige schon beim ersten Lernen gemerkt haben. Ohne Technik!

> Registrieren Sie beim Lernen das, was Sie bereits gekonnt und gewusst haben, nicht das, was noch nicht so gut geklappt hat. Auf dem, was Sie schon können, bauen Sie auf, und sei es noch so wenig!

Noch erfolgreicher werden Sie, wenn Sie mir jetzt bei der Erklärung der eben gelernten Liste folgen, die von jetzt an Baumliste heißt, weil sie mit einem Baum beginnt.

Erarbeiten der Technik zum Listenmerken

Gehen wir alle Begriffe einzeln durch. Der Baum – wir stellen uns eine hoch aufragende Tanne vor – wirkt mit ihrem schlanken Stamm wie eine Eins. Der Lichtschalter hat zwei Funktionen, das Einschalten und das Ausschalten. Der Hocker ist ein Dreibein und steht für die Drei. Das Auto hat vier Räder. Die Hand hat fünf Finger. Der Würfel hat sechs Seiten. Im Märchen hat Schneewittchen es mit sieben Zwergen zu tun. Die Achterbahn hat ihren Namen vom Schienenverlauf, der wie eine Acht aussieht. Eine Katze hat neun Leben. In der Bibel finden wir die zehn Gebote.

Eine Fußballmannschaft besteht aus elf Spielern. Um Mitternacht, also um zwölf Uhr, ist Geisterstunde. In einem Hotel finden Sie kein Zimmer mit der Nummer 13 und keinen 13. Stock. Sie können also nicht mit dem Lift in den 13. Stock fahren (falls doch, nehmen Sie es einfach als „Merk-Mal" für die 13). Am 14. Februar ist Valentinstag; an diesem Tag geht es um Herzensangelegenheiten. Im Mittelalter war das 15. Jahrhundert bekannt für seine Ritter (natürlich waren dies auch die Jahrhunderte zuvor, aber wir brauchen wieder einmal ein Merkmal).

Mit 16 Jahren gehört man zu den Teenagern (auch hier gilt, dass das mit 15 oder 17 auch zutrifft). Wir nehmen die 16. Sie kennen zumindest vom Hörensagen das Kartenspiel „Siebzehn und vier". Und Sie wissen, dass um 18 Uhr der Feierabendverkehr seinen Höhepunkt hat. Wenn Sie ihn überstanden haben, werden Sie um 19 Uhr Ihr Abendessen einnehmen, um anschließend den Abend um 20 Uhr mit der Tagesschau zu beginnen.

Übung

Und nun nehmen Sie sich ein Blatt Papier, und schreiben Sie die Begriffe alle ein zweites Mal auf. Es werden jetzt viel mehr sein.

Exkurs: Vom wem die Baumliste stammt

Die Baumliste ist eine seit langer Zeit eingeführte Liste, die von zahlreichen GedächtnistrainerInnen benutzt wird.
Ich habe die Liste vollständig von Gregor Staub übernommen, der sie mit Vera Birkenbihl abgeglichen hat. Ich schließe mich also in diesem Buch der etablierten Baumliste an, weise Sie aber darauf hin, dass Sie bei der Anwendung durchaus Ihre Kreativität einbringen sollen und dürfen, um sie – geringfügig und sinnvoll – zu verändern.

Mit dieser Liste werden Sie jetzt schon arbeiten können. Das Erlernen dieser Liste war zunächst reiner Selbstzweck.

Mit der Baumliste kann man sich unmittelbar einiges merken, beispielsweise

- eine Einkaufsliste oder
- Termine daran festmachen.

Natürlich ist die Baumliste auch schon ein Zahlencode von 1 bis 20. Darauf komme ich im Abschnitt „Zahlen" noch ausführlich zu sprechen.

Ausführungsbeispiel: Terminliste

Nehmen wir eine Terminliste. Sie haben einen freien Tag und wollen heute Folgendes erledigen:

- Lebensmittel einkaufen,
- Buch aus der Buchhandlung abholen,
- Sachen in die Reinigung bringen,
- Päckchen zur Post tragen,
- Schuhe vom Schuster abholen,
- Kontoauszüge holen,
- beim Optiker Kontaktlinsenpflegemittel kaufen, und
- Sie brauchen noch ein Brot vom Bäcker.

Sie verankern also folgendermaßen:

Baum	Lebensmittel einkaufen
Lichtschalter	Buch abholen
Dreibein	Reinigung
Auto	Post
Hand	Schuhe
Würfel	Kontoauszüge
Sieben Zwerge	Kontaktlinsenmittel
Achterbahn	Brot

Nun geht es darum, die einzelnen Punkte mit den Gegenständen der Baumliste zu verankern. Dazu brauchen Sie drei Dinge:

1. Anker (Baum etc.)
2. Lebendiges Bild
3. Fantasie und Kreativität

Sie merken sich jetzt zu **Baum**, dass Sie Ihre **Lebensmittel**
wie an einem Weihnachtsbaum in die Zweige hängen, damit
er richtig schön bunt aussieht. Denken Sie nicht nur, dass
Sie es tun, sondern stellen Sie es sich „bildlich" vor. Die
Porreestangen hängen an den Zweigen herunter. Die Butter
leuchtet mit ihrer goldenen Verpackung aus dem Baum
heraus wie eine echte Weihnachtskugel. Die Tomaten mit
ihrer roten Farbe haben Sie in den Baum hineingeworfen
und dort sind sie einfach hängen geblieben. Der Platz zum
Aufbewahren ist der Baum.
Das Bild ist bunt, und das Schmücken und Werfen der
Tomaten ist die Bewegung.
Ob Sie sich nun an diesen vorgeschlagenen Beispielen
freuen oder ob Sie zunächst genervt denken: „Was soll
das?" – Sie werden sich die zu erledigenden Dinge in jedem
Fall merken. Und nur das zählt!

Der zweite Punkt auf Ihrer Liste war die **Buchhandlung**. Der
zweite Punkt Ihrer Baumliste ist der **Lichtschalter**. Diese
beiden Begriffe sind kein krasser Gegensatz. Im Gegenteil:
Sie können sich Buch und Lichtschalter gut zusammen
vorstellen. Aber Vorsicht! Wenn Sie beides nicht in einem
übertriebenen Bild zusammenbringen, merken Sie sich
gerade diese naheliegenden Kombinationen nicht. Sie
sollten sich also vorstellen, dass Sie den Lichtschalter
drücken, und das Licht eines antiken Kronleuchters
durchflutet das Zimmer. Der Leuchter bricht das Licht mit
seinen Kristallen auf fantastische Weise. Sie holen ein
großes, dickes Buch, es ist sehr schwer, und lassen sich,
vom Gewicht dieses Folianten fast erdrückt, in einen Sessel
unter dem Kronleuchter fallen und beginnen zu lesen. Auch
hier haben Sie ein lebendiges Bild (Kronleuchter und Foliant)
und die Bewegung als Bindeglied (Sie tragen das schwere
Buch unter den Kronleuchter und setzen sich).

Der dritte Punkt in der Liste unserer Erledigungen ist der
Weg zur **Reinigung.** Bei **Dreibein** und Reinigung können Sie
sich Folgendes vorstellen:

Sie sitzen gebeugt auf einem kleinen Dreibein in der Küche und versuchen mitmilfe von Gallseife mühsam, einen Fleck aus einer knallroten Hose herauszureiben, aber vergebens. Auch hier haben Sie wieder die drei wichtigen Dinge: Der Dreibein als Ort, die knallrote Hose als Bild und das Reiben des Flecks als Bewegung.

Wenn Sie nun in der Fantasie mit dem **Auto** zur **Post** fahren wollen, sollten Sie dieses ganz normale Bild verändern. Das Auto ist entweder ein roter Ferrari, der übervoll ist mit riesengroßen Briefumschlägen, Päckchen und Paketen. Sie rasen mit hoher Geschwindigkeit auf eine Parklücke zu und grüßen lächelnd alle Umstehenden.

Hand und **Schuhe** lassen sich überraschend gut kombinieren. Bevor Ihr Bild aber zu normal gerät, hier ein Vorschlag. Sie stecken Ihre Hände in Handschuhe und laufen im Handstand zum Schuster, weil Sie keine Schuhe an den Füßen tragen.

Anschließend **würfeln** Sie eine Sechs; die Zahl steht für die sechs Richtigen im Lotto, und Sie stürmen freudig erregt die Treppe hinunter, um auf Ihren **Kontoauszügen** nachzusehen, wie viel Geld Sie gerade von der Lottogesellschaft überwiesen bekommen haben. – Sie können statt des Würfels auch gleich „Lotto" als Begriff nehmen!

Damit die **sieben Zwerge** besser sehen können, was Schneewittchen so einkauft: giftige Kämme, vergiftete Äpfel usw., gehen sie alle zum Optiker und schaffen sich riesige Brillen an, um besser sehen zu können. Sie umtanzen Schneewittchen und dabei fallen die Brillen zu Boden. Daraufhin kaufen sich alle **Kontaktlinsen**.

Nun steigen Sie noch in die **Achterbahn** und fahren eine Runde, da sehen Sie, dass die Wagen ganz aus **Brotteig** gemacht sind. Sie haben Hunger und beißen in die Wagentür.

Schreiben Sie jetzt bitte die Liste Ihrer Erledigungen in der richtigen Reihenfolge auf. Sie haben sich alle gemerkt mithilfe der übertriebenen, bewegten Bilder und des Orts als Anker!

Ich hatte schon erwähnt, dass Sie die Liste verändern dürfen und sogar sollen. Wir haben in der Baumliste an sechster Stelle den Würfel. Natürlich wäre auch „Lotto" eine gute Assoziation zur Zahl „sechs". Wenn Sie also in der Baumliste an sechster Stelle etwas verankern wollen, das sich besser mit dem Begriff „Lotto" zu einem übertriebenen Bild kombinieren lässt, tun Sie es. Es ist kaum anzunehmen, dass Ihnen zu „Lotto" etwas anderes einfällt als die Zahl „sechs". Außerdem geht es ja nur darum, die Erledigung nicht zu vergessen, egal, an welcher Stelle Sie sie sich gemerkt haben.

> Wenn Sie sich eine Erledigungsliste machen, sollten Sie darauf achten, dass Sie sie sich in einer Reihenfolge merken, die sinnvoll ist zum Weg der Erledigungen.

Wenn Sie wie im Beispiel als vierten Punkt die Post erledigen wollen, und anschließend kommen Sie beim Bäcker vorbei, dann ist es wichtig, dass Sie sich den Bäcker an fünfter Stelle merken. Bevor Sie also Ihre Liste erstellen, gehen Sie in Gedanken den Weg, den Sie zurücklegen wollen. Hierzu mehr im Abschnitt „Loci-Technik".

In diesem Abschnitt wird auch noch einmal aufgegriffen, dass zum guten Gedächtnis auch das Vergessen gehört. Wenn Sie sich eine solche Terminliste so intensiv eingeprägt haben, dass Sie sie auch Stunden später oder am nächsten Tag noch wissen, stellt sich die Frage, was zu tun ist, wenn Sie nun die Liste auch noch für den Einkauf Ihrer Lebensmittel brauchen.

Als sehr praktisch hat sich eine Körperliste erwiesen, mit deren Hilfe Sie mit viel Humor und Mut zu extremen Bildern Ihre Themen „befestigen" können. Wenn also Ihre Baumliste gerade „belegt" ist, auch wenn es nicht alle 20 Punkte sind, und Sie haben sie noch nicht abgearbeitet, dann nehmen Sie doch die folgende Körperliste:

Die Körperliste als „Merkliste"	
Von unten nach oben sortiert:	Anders als bei der Baumliste verbinden Sie die Körperteile nicht mit den Zahlen. Dafür können Sie sich aber auch in der Reihenfolge kaum irren, wenn Sie „von unten nach oben" lernen: Füße, Beine und Becken folgen aufeinander, dann geht es bei der Faust (Nr. 5 der Baumliste war übrigens die Hand) weiter bis zum Kopf. Wenn Sie sich diese Liste eingeprägt haben, fällt es Ihnen nach einiger Zeit leicht, spontan zu wissen, dass der Oberarm der 7. Körperteil der Körperliste ist. Bei einer Einkaufsliste ist dies nicht entscheidend.
Fuß	
Unterschenkel	
Oberschenkel	
Becken	
Faust	
Unterarm	
Oberarm	
Oberkörper	
Hals	
Kopf	

Es gibt ein weiteres System, das geeignet ist, wenn man sich eine bestimmte Reihenfolge merken möchte: das Uhren-System. Zehetmaier und Stanek haben eine solche Uhr mit Tieren besetzt wegen der Bildhaftigkeit. Hier finden Sie 30 Tiere von A bis Z, der letzte Buchstabe „Z" wird fünfmal eingesetzt, damit die Liste drei mal zehn Punkte beinhaltet. Als Tier-Liste merken Sie sich ganz einfach – wie beim Spiel „Stadt – Land – Fluss" – zu jedem Buchstaben ein Tier.

Uhrensystem nach Zehetmaier und Stanek					
1.	Affe	11.	Känguru	21.	Uhu
2.	Buntspecht	12.	Lama	22.	Viper
3.	Chamäleon	13.	Murmeltier	23.	Weißstorch
4.	Dinosaurier	14.	Nashorn	24.	Echse (exe)
5.	Elefant	15.	Ochse	25.	Hyäne (y)
6.	Frosch	16.	Papagei	26.	Zebra
7.	Grille	17.	Qualle	27.	Zecke
8.	Hund	18.	Robbe	28.	Ziege
9.	Igel	19.	Schwein	29.	Zitteraal
10.	Jaguar	20.	Taube	30.	Zoo

Bevor Sie anfangen zu lernen: Sie können und sollen selbstverständlich das Tier in Ihre Liste aufnehmen, das Ihnen spontan als erstes einfällt, sich also eine eigene Liste zusammenstellen. Ob Sie nun bei Buchstabe „W" den Weißstorch nehmen oder das Wiesel oder den Wal – wichtig ist, dass Sie es sich gut merken können.

Übung

Probieren Sie alle in diesem Abschnitt vorgestellten Listen mit mehreren „Merkaufgaben" aus Ihrem beruflichen und/oder privaten Alltag aus.

Lernen Sie am Anfang die Listen gut auswendig. Sie werden Ihnen schnell bewusster und erleichtern die Anwendung.

Exkurs: Nennen Sie jetzt noch einmal die zehn Punkte der eben aufgeführten Körperliste. Es hat geklappt? Nun, dann haben Sie damit jetzt ganz nebenbei die Körperliste der Terlusollogie (Atemtypenlehre) mitgelernt!

Die Loci-Technik

Der Begriff „Loci" kommt aus dem Lateinischen. Locus heißt Ort. Der Name weist darauf hin, dass es bei dieser Technik um bestimmte Orte geht, an denen man etwas verankern kann, das man sich merken möchte.

Ein antikes Beispiel der hervorragenden Beherrschung dieser Technik wird im Rahmen des Gedächtnistrainings immer wieder erzählt. Das Original findet sich bei Cicero:

Ausgangsbeispiel: de oratore, II

Bei einem Festmahl, das von einem thessalischen Edlen namens Skopas veranstaltet wurde, trug der Dichter Simonides von Keos zu Ehren seines Gastgebers ein lyrisches Gedicht vor, das auch einen Abschnitt zum Ruhm von Kastor und Pollux enthielt. Der sparsame Skopas teilte dem Dichter mit, er werde ihm nur die Hälfte der für das Loblied vereinbarten Summe zahlen, den Rest solle er sich von den Zwillingsgöttern geben lassen, denen er das halbe Gedicht gewidmet hatte.

Wenig später wurde dem Simonides die Nachricht gebracht, draußen warteten zwei junge Männer, die ihn sprechen wollten. Er verließ das Festmahl, konnte aber draußen niemanden sehen. Während seiner Abwesenheit stürzte das Dach des Festsaals ein und begrub Skopas und alle seine Gäste unter seinen Trümmern. Die Leichen waren so zermalmt, dass die Verwandten, die sie zur Bestattung holen wollten, sie nicht identifizieren konnten. Da sich aber Simonides daran erinnerte, wie sie bei Tisch gesessen hatten, konnte er den Angehörigen zeigen, welches jeweils ihr Toter war.

In einer Zeit, in der das Schreiben auf Papier (papyrus) noch nicht üblich war und Wissen mündlich vermittelt wurde, war es notwendig, sich mithilfe von Techniken Wichtiges zu merken. Aber nicht immer hat es solche Techniken gegeben. Erst Simonides soll sie erfunden haben.

Natürlich können wir heute mithilfe von Notizzetteln alles aufschreiben. Aber auf den Einkaufszettel zu verzichten und sich die Liste zu merken ist einfach eine gute Übung für die grauen Zellen. Und einen Vortrag frei zu halten bedeutet, das Publikum souverän ansprechen zu können. Außerdem ist es gar nicht schwer!

Das Grundprinzip der Loci-Technik

Angenommen, Sie möchten sich mit der Zeit sehr viele Dinge merken, ohne Notizen machen zu müssen: Erledigungen, Einkäufe, Termine, Vorträge, dann brauchen Sie, um nicht in Bedrängnis zu kommen, verschiedene Techniken. Und im Rahmen der Loci-Technik benötigen Sie einfach noch mehrere Listen. Das klingt wieder aufwendig, ist es aber nicht. Sie werden sehen.

Die Körperliste war bereits eine Art „Loci"-Technik. Sie haben sich „Orte" Ihres Körpers gemerkt. Jetzt lernen Sie mehrere Listen kennen, die wörtlich verstanden „Loci" sind. Es sind Orte in Ihrem Haus, in Ihrer Wohnung.

Das Vorgehen

Nehmen Sie ein Blatt Papier, zeichnen Sie den Grundriss Ihrer Küche (ein Rechteck oder ein Quadrat) und markieren Sie die Tür. Jetzt gehen Sie in Gedanken (oder tatsächlich) durch die Küche und legen Sie zehn „Orte" fest, an denen Sie zu merkende Dinge verankern können. Auf diese Weise haben Sie schon wieder eine neue Liste, die Sie gut benutzen können, wenn (siehe oben) die Baumliste einmal belegt ist. Tun Sie das auch mit dem Flur, dem Bad, dem Wohnzimmer und dem Arbeitszimmer. Auf diese Weise haben Sie bei einer Wohnung, die aus drei Zimmern, Küche und Bad besteht, bereits fünf zusätzliche Listen, insgesamt 50 Orte!

Bei der Festlegung solcher Orte sind einige wichtige Dinge zu beachten.

Wenn Sie sich einen Raum für die Loci-Technik „herrichten", dann gehen Sie immer von der Tür aus, und fangen Sie in jedem Raum immer an derselben Seite an. Entscheiden Sie sich also dafür, in jedem Raum Ihre Orte von rechts nach links (oder umgekehrt) festzulegen. Dann müssen Sie sich nämlich nicht mehr merken, in welchem Raum Sie rechts und in welchem Sie links angefangen haben.

Sie stehen also in der Tür und schauen sich den ersten Raum nach möglichen Orten an. Wenn der Raum so groß ist, dass Sie mehr als zehn Dinge als Ort verwenden könnten, dann entscheiden Sie sich bitte für die Dinge, die sich nicht oder nicht so leicht bewegen lassen oder die Sie wahrscheinlich nicht umstellen werden.

Das lässt sich zwar nicht immer verwirklichen, aber dieses Vorgehen hat einen guten Grund. In dem Moment, wo Sie einen Gegenstand entfernen, der zu ihrer Loci-Methode gehört hat, fehlt Ihnen einfach ein Anker. Auch wenn Sie meinen, dass Sie ihn sich denken können, ist es doch ratsam, gleich Dinge zu nehmen, die immer am selben Ort bleiben. Hierzu gehören in jedem Fall Heizkörper, Fensterbänke, Lampen, Wintergärten, Balkone, Fenster und Türen. Auch die Spüle in einer Küche hat kaum eine Chance, umgestellt zu werden, es sei denn, Sie renovieren gerade von Grund auf. Wenn Sie dann trotzdem den Küchentisch, die Kaffeemaschine oder den Schrank nehmen, besteht keine allzu große Gefahr der Veränderung.

Mal angenommen, Ihr erster Raum wäre die Küche. Sie stellen sich in Gedanken (oder tatsächlich) in den Türrahmen und schauen, was Sie von rechts nach links in der Küche sehen. Es bietet sich vielleicht folgendes Bild:

Die Küche

1. Kaffeemaschine
2. Herd
3. Brotfach
4. Spüle
5. Fenster
6. Heizung
7. Tisch
8. Stuhl
9. Schrank
10. Handtuchhalter

Das sind die ersten zehn Orte, an denen Sie nun das festmachen können, was Sie sich merken möchten. Sie können es ja gleich einmal mit Ihrer aktuellen Einkaufsliste versuchen!

Nehmen Sie sich doch jetzt einmal die nächsten Räume vor. Gestalten Sie jeden der Räume Ihrer Wohnung oder Ihres Hauses mit zehn Orten aus. Sie haben dann vielleicht folgende Räume:

- Küche,
- Flur,
- Wohnzimmer,
- Schlafzimmer,
- Bad,
- Arbeitszimmer.

Falls Sie nur einen kleinen Flur oder ein kleines Bad haben, lassen Sie sie entweder weg oder kombinieren Sie sie: fünf

Orte im Bad und fünf Orte im Flur, und legen Sie auch für immer die Reihenfolge der Orte in den beiden kombinierten Räumen fest!

Um die Orte zu lernen und sie zu verinnerlichen, nehmen Sie für Ihre Einkäufe – das ist das einfachste Betätigungsfeld zum Üben, später wollen und sollen Sie das auf berufliche Aufgaben ausdehnen – jedes Mal einen anderen Raum als „locus" für Ihre Technik und üben Sie sie ein. So lernen Sie in der praktischen Anwendung die „Orte" Ihrer Räume. Das Lernen der Raum-Orte wird sehr schnell gehen, denn Sie haben ja immer die bildliche Vorstellung. Sie sehen ja Kaffeemaschine, Fernseher, Teppich usw. bildlich vor sich, erinnern sich also sehr leicht an die Orte, wenn Sie durch Ihre Wohnung gehen.

Ausführungsbeispiel: Einkaufsliste

Hier nun ein Beispiel, wie ich mir mithilfe meiner Küchenliste eine Einkaufsliste merke. An den Orten von 1 bis 10 (Beispiel siehe S. 62) verankere ich jetzt folgende Lebensmittel:
Tomaten, Trauben, Milch, Käse, Aufschnitt, Waschpulver, Salz, Gurken, Senf, Eier.

- Im Filter meiner Kaffeemaschine tummeln sich lustige rote Tomaten, die wie in Trickfilmen einen Mund haben, alle gleichzeitig sprechen und im Filter herumspringen.
- Auf dem Herd köcheln grüne Weintrauben, die allmählich zu heißem Traubensaft zerfließen.
- Ich öffne das Brotfach und die Milch fließt in breitem Strom heraus und ergießt sich in die Küche.
- Die Spüle ist voll von einem dicken, runden Edamer Käse, der gerade versucht, quadratisch zu werden, um sich der Form der Spüle anzupassen.
- Statt eines Vorhangs habe ich als Sichtschutz lange Bahnen von Wurst vor das Fenster gehängt, die nun im Wind wehen und lustig aussehen.

- Das Waschpulver steht auf der Heizung, schüttet sich aus und reinigt so den Heizkörper.
- Passend zur weißen Milch schütte ich das Salz auf den Küchentisch, sodass er jetzt ganz weiß ist. Mit dem Finger schreibe ich das Wort „Salz" hinein.
- Die Beine des Küchenstuhls verwandelten sich allmählich in grüne Gurken. Ich setze mich drauf, der Stuhl gibt nach und ich liege mitten in den Gurken am Boden.
- Ich stelle den Senf auf den schmalen Küchenschrank; das Glas geht kaputt und färbt den Küchenschrank hellbraun ein.
- Auf dem Handtuchhalter stehen mehrere Eier nebeneinander. Jedes zweite springt plötzlich herunter und rutscht auf den Handtüchern hinab. Dabei öffnen sich die Eier und zeigen ihr schönes gelbes Dotter.

Sie sehen, wieder wird die ALF-Technik angewendet: Anker, lebendige Bilder und viel Fantasie!

Übungen

1. Gehen Sie jetzt einen Ihrer Räume, die Sie für die Loci-Technik vorbereitet haben, noch einmal in Gedanken durch. Sind Sie schon sicher?
Dann überlegen Sie sich eine zu merkende Liste (es kann eine Einkaufsliste sein, muss es aber natürlich nicht) für morgen und gehen Sie genauso vor wie beschrieben. Auch wenn Sie das Gefühl haben, Ihre Gedanken bewegten sich noch sehr träge, werden Sie doch sofort den Erfolg erleben.

2. Wenn Sie Ihre 50 Orte in Ihrer Wohnung geübt haben, dann bitten Sie Ihren Partner, einen Freund oder eine Freundin darum, Ihnen einmal eine Gegenstandsliste oder Einkaufsliste mit 50 Positionen zu nennen.

Fordern Sie diese Person aber auf, sich alles aufzuschreiben, was sie Ihnen sagt, denn sie soll ja später kontrollieren, ob Sie sich alles gemerkt haben. Außerdem brauchen Sie zum Verankern zwei bis drei Sekunden, genau die Zeit, in der Ihr Testpartner den Namen des Gegenstands aufschreibt.
Die Technik ist sehr wirksam, nach etwas Übung werden Sie Ihrem Partner exakt alle 50 Gegenstände hersagen können, und diese in der richtigen Reihenfolge!

Denken Sie jedoch daran, dass Dinge, die Sie erledigen wollen und die Sie mithilfe z. B. der Baumliste verankert haben, vorab „geordnet" sein sollen. Wichtig war bei der Vorüberlegung, dass Sie sich (wirklich bildlich) vorstellen, welchen Weg Sie zurücklegen, um sich z. B. die Geschäfte, in denen Sie kaufen, schon in der Reihenfolge zu merken, in der sie sich befinden. Auch diese Geschäfte sind „loci", sind Orte.

Sie können also auch einen häufig benutzten Spazierweg für die Loci-Technik einrichten.

Suchen Sie nach Besonderem auf diesem Weg: ein Denkmal, ein großer alter Baum, ein Brunnen, eine bestimmte Bank, und versuchen Sie, auf dem Weg wieder zehn Orte festzulegen. So haben Sie zusätzlich zu den Räumen Ihrer Wohnung oder Ihres Hauses noch die Körperliste, die Spazierwegliste und die Baumliste.
Sie können all das selbstverständlich auch in Ihr berufliches Umfeld übertragen.

Wenn Sie einen Vortrag halten oder über ein Thema eine Weile erklärend sprechen wollen, können Sie für Ihre Stichworte diese Technik sehr gut verwenden.

Sie gehen dann so vor, wie Simonides es getan hat. Aber bevor Sie Ihre Stichworte verankern, müssen Sie den Vortrag erst einmal entwerfen, d. h. strukturieren. Hierzu eignet sich hervorragend ein Mind-Map (dazu später mehr).

Geschichten

Sicherlich haben Sie schon einmal jemandem fasziniert zugehört, weil er oder sie es verstanden hat, Begebenheiten so spannend zu erzählen, dass Sie in eine bunte Bilderwelt eingetaucht sind und gar nicht gemerkt haben, wie beim Zuhören die Zeit verflogen ist. Je interessanter die Begebenheit erzählt wurde, desto länger haben Sie sich daran erinnert, desto intensiver standen die Bilder noch vor Ihrem „inneren Auge", d. h. waren sie im Gedächtnis gespeichert.

Das Gehirn liebt nun mal Bilder. Ich möchte Ihnen (als Ausgangspunkt für eine Übung) eine Geschichte erzählen. Wenn Sie jemanden haben, der sie Ihnen vorlesen kann, dann lassen Sie sich die Geschichte „erzählen", und zwar langsam genug, dass Sie sich (ohne Technik) jede Begebenheit merken können. Der Vorleser oder Erzähler sollte also nach jedem Satz eine Pause von etwa zwei bis drei Sekunden machen, und dann lassen Sie sich die Geschichte weiter erzählen, so vorgehend bis zum Schluss.

Die Geschichte vom Eisbär mit dem seltsamen Hobby

Es war einmal ein Eisbär, der hatte ein eigenartiges Hobby. Er liebte es nämlich, Eishockey zu spielen. Noch eigenartiger sah allerdings sein Puck aus. Das war kein normaler Puck, sondern ein Hamburger. Sie stehen am Rand der Eisfläche und beißen gerade in eine Tortillatasche. Da steht plötzlich ein Mann neben Ihnen und wünscht Ihnen „En guede Mahlzeit". Sie sind überrascht, weil er Dialekt spricht und fragen ihn: „Sie sind sicherlich aus Bellinzona." Da wird der Mann wütend, zieht sein Gewehr und schießt eine Salve in die Luft. Sie erschrecken, stürzen sich auf Ihre Honda und brausen los. Als Sie Gas geben, merken Sie, wie plötzlich der Nikolaus hinter Ihnen auf dem Motorrad sitzt. Er hat ein Spielzeugauto dabei, das ist kostspielig und nur für Reiche.

Da Sie ein enormes Tempo fahren, verlieren Sie die Kontrolle und rasen gegen eine Palme. Durch den Stoß fallen die Kokosnüsse herunter, aber nicht wahllos durcheinander, sondern sie liegen plötzlich in einer Reihe am Boden und markieren so den Äquator. So sehen die Nüsse aus wie die Löcher auf einer Flöte. Sie nehmen die Flöte auf – es ist eine Panflöte – bestreichen das Mundstück mit Chili und spielen darauf. Plötzlich haben Sie Hunger. Sie gehen in ein Steakhaus und bestellen sich etwas. Das Steakhaus ist sehr voll. Neben Ihnen am Tisch steht ein Mann, der auf einen freien Platz wartet und ständig auf seine Uhr schaut. Plötzlich fängt er an, Samba zu tanzen. Da betritt eine französische Gouvernante das Restaurant. Der Mann findet sie süß und nimmt sie in den Arm. Er zeigt der Gouvernante seine Venen, weil er nämlich ein Fixer ist. Sie bestellen sich eine Bowle und bewundern einen Käfig mit einem Papagei.

Eine irre Geschichte, nicht? Sie hat Ähnlichkeit mit den Geschichten, die wir im Traum erleben. Auch bei der Erzählung eines Traums erinnern wir uns an die starken, unsinnigen, frivolen, komischen Bilder, die anscheinend keinen Zusammenhang haben.

Übung

Versuchen Sie bitte jetzt, diese Geschichte nachzuerzählen. Spätestens nach dem dritten Mal können Sie dies, ohne einen einzigen Punkt zu vergessen. Die bewegten, irrealen und komischen Bilder werden Ihnen dabei helfen.

Wiederholen Sie die Geschichte morgen noch einmal. Sie werden sehen, sie bleibt Ihnen wegen der starken Bilder ohne Weiteres in Erinnerung.

Abgesehen von der Erkenntnis und dem Erfolgserlebnis, eine längere Geschichte erinnern zu können, wird Sie etwas anderes überraschen:
Was Sie hier auf diese Weise wirklich gelernt haben, sind die Länder von Nord- und Südamerika!

Schauen wir uns die Geschichte unter diesem Aspekt einmal näher an:

Da war der **Eisbär**, der für **Alaska** steht. Eine bekannte **Eishockeynation** ist **Kanada**. Der **Hamburger** steht als Inbegriff des von den Amerikanern erfundenen Fast Food, also die **USA**. Die **Tortillatasche** ist ein **mexikanisches** Maisfladenbrot. Der mundartliche Wunsch **„En guede Mahlzeit"** lässt sich lautmalerisch mit **Guatemala** verbinden. Der Ort **„Bellinzona"**, wo Sie seine Heimat vermuten, beginnt mit denselben Buchstaben wie das nächste Land, nämlich **Belize**. Die **Salve** erinnert Sie an **El Salvador**. Bei **Honda** fällt Ihnen **Honduras** ein. Der **Nikolaus** = Nicaragua hat ein **kostspieliges** (Costa) und nur für **Reiche** (Rica) geeignetes Spielzeugauto (Jaguar) dabei; so merken Sie sich **Costa Rica.** Die **Palme** brauchen wir, um den Staat **Panama** zu verankern, und dies nur mit den ersten beiden Buchstaben. Wiederum nur die ersten zwei Buchstaben der **Kokosnüsse** lassen Sie an **Kolumbien** denken. Direkt durch **Ecuador** verläuft der **Äquator.** Die **Panflöte** ist bekanntlich in **Peru** beheimatet (Anfangsbuchstabe), und das Gewürz **Chili** ist fast wortgleich das Land **Chile**. Die **Steaks** im **Steakhaus** sind natürlich aus **Argentinien.** Die **Uhr** erinnert Sie an **Uruguay**. Der **Samba** wird in **Brasilien** getanzt. Die französische **Gouvernante** ist natürlich aus **Französisch Guayana.** „Der Mann findet sie **süß** und nimmt sie **in** den **Arm"** – Surinam. Er zeigt der Gouvernante – hier haben wir dann das Land Guayana – seine **Venen (Venezuela),** weil er nämlich ein Fixer ist. Sie bestellen sich eine **Bowle (Bolivien)** und bewundern einen Käfig mit einem **Papagei** aus **Paraguay.**
Die Geschichte ist weitgehend aus dem *Mega-Memory von Gregor Staub* übernommen, aber im zweiten Teil von mir abgeändert zur besseren Merkbarkeit.

In der folgenden Tabelle sind die Bilder und die entsprechenden Länder gegenübergestellt.

Bild	Land
Eisbär	Alaska
Eishockey	Kanada
Hamburger	USA
Tortillatasche	Mexiko
En guede Mahlzeit	Guatemala
Belinzona	Belize
Salve	El Salvador
Honda	Honduras
Nikolaus mit Spielzeugauto	Nicaragua
Kostspielig und für Reiche	Costa Rica
Palme	Panama
Kokosnüsse	Kolumbien
Äquator	Ecuador
Flöte	Peru
Chili	Chile
Steakhaus	Argentinien
Uhr	Uruguay
Samba	Brasilien
Französische Gouvernante	Frz. Guayana
Mann findet sie süß, nimmt sie in den Arm	Surinam
Gouvernante	Guayana
Venen	Venezuela
Bowle	Bolivien
Papagei	Paraguay

Wenn Sie die Stichwörter mit den Ländern vergleichen, stellen Sie fest, dass manches regelrecht „an den Haaren herbeigezogen" ist. Beispielsweise die Stelle: „Der Mann findet sie süß und nimmt sie in den Arm" – aber es funktioniert! Mithilfe der Trainingsfelder Kreativität (rechte Gehirnhälfte) und Wortfindung (linke Gehirnhälfte) haben Sie sich ein unauslöschliches Bild eingeprägt, das Sie das Land Surinam in der Liste der südamerikanischen Länder nicht vergessen lässt. Und genau das ist der Zweck!

Erklärender Hintergrund

Sie erinnern sich an die (längst gelernte) Baumliste? Als ich in einem Seminar den Teilnehmern die 20 Begriffe dieser Liste nannte mit der Bitte, sie sich einzuprägen, wusste eine Teilnehmerin nach einmaligem Nennen alle Begriffe. Sie hatte nie an einem Gedächtnisseminar teilgenommen und kannte die Baumliste nicht. Sie erzählte, wie sie vorgegangen war: „Ich habe mir Folgendes vorgestellt (sie greift zum Kuli und einem Blatt Papier). Hier ist der Baum (sie zeichnet ihn). An dem Baum befindet sich ein Lichtschalter (sie malt einen Lichtschalter an den Stamm). Neben dem Baum steht der Hocker (ab hier begleitet sie alles Gesagte mit einer kleinen Grafik). Daneben parkt das Auto. Ich steige ein, nehme die Hände ans Lenkrad und fahre los, um meinen Lottogewinn abzuholen. Das Auto ist voll mit Zwergen. Ich fahre Kurven wie in einer Achterbahn. Eine Katze kann noch gerade aus dem Weg springen. Ich schaue zum Himmel, und auf einer Wolke befindet sich die Bibel (Begründung: weil das ja vom Himmel kommt) …"

Auf diese Weise hatte sich die junge Frau unbewusst der Technik bedient, die wir beim Lernen der amerikanischen Staaten benutzt haben. Sie sehen, auch die Baumliste hätten wir in Bildern lernen können. Da wir aber an den Gegenständen der Baumliste andere Begriffe bildlich verankern wollen, haben wir sie uns eben an Zahlen orientiert gemerkt. So können wir sie für unsere Zwecke besser verwenden. Auch Einkaufslisten (Gegenstände oder To-do-Listen) können wir statt mit der Loci-Technik oder einer anderen Liste mit einer Geschichte verknüpfen.

Beispiel

Wir nehmen als Beispiel wieder einmal den Erledigungszettel. Meiner sah eines Tages so aus: Heinz anrufen, Kerzen kaufen, biologisches Pflegemittel für den Holzfußboden, Katzenfutter, Buch in der Buchhandlung abholen.

Hierfür fand ich folgende kleine Geschichte:
Heinz sitzt in der Mitte meines Wohnzimmers im Schneidersitz (bildhafte Übertreibung) auf dem Holzfußboden. Auf seinem Kopf befindet sich eine brennende Kerze, deren Wachs langsam über seine Haare tropft (bewegtes Bild). Er liest in einem dicken Buch, das er kaum halten kann. Vor ihm steht die Katze und reibt ihren Kopf mal am linken, mal am rechten Knie und miaut herzergreifend, denn sie hat ja Hunger.

Auch wenn die zu erledigenden Dinge noch so unterschiedlich waren: ich habe kein einziges Ding vergessen. Das Erinnern eines solchen bewegten Bildes ist nichts weiter als eine Bildbeschreibung. Die Reihenfolge ist ja hier nicht relevant.

Fortführung des Beispiels „Planeten merken"

Erinnern Sie sich an den Merksatz, den wir im Kapitel „Initialisieren" gelernt haben, um die neun Planeten in ihrer Reihenfolge der Entfernung von der Sonne zu lernen? Greifen wir dieses Beispiel noch einmal auf. Im Buch „Gedächtnistraining" von Zehetmaier und Stanek (S. 104) finden Sie eine Grafik, die dasselbe darstellt:

Mittelpunkt der Grafik ist die Sonne als großes rundes Gesicht. Als Verzierung des Sonnengesichts sind die Planeten symbolisch gezeichnet. Für „Merkur" steht ein Mann, der unter einer Palme am Meer liegt und eine Kur macht. Für den Planeten Venus sieht man eine Muschel, in der die Venus steht (Venusmuschel). Der Rest der Interpretation wird dem Leser überlassen, wobei die Bilder schon gezeichnet sind: die Erde als Globus, der Mars als Schokoriegel, Jupiter als Wächter des Himmels, Saturn als Satan (Anfangsbuchstabe), Uranus als Atombombenexplosion, Neptun mit dem Dreizack als Gott des Meeres und Pluto als berühmter Hund von Micky Maus. Die Größe der Grafiken entspricht dem Größenverhältnis zur Sonne.

Eine weitere Möglichkeit, sich die Planeten zu merken, ist eine Geschichte. Tony Buzan (Power Brain, S. 22) schlägt Folgendes vor.

Stellen Sie sich vor, dass die Sonne gerade ganz wunderbar strahlt. Sie müssen sich die Sonne bildlich vorstellen, ihre orangene Farbe vor Ihrem inneren Auge sehen und ihre Wärme spüren. Nun stellen Sie sich neben der Sonne ein kleines Quecksilberthermometer vor; Quecksilber heißt „mercury" in Englisch. Die Sonne erwärmt ihre Umgebung so sehr, dass das Thermometer zerplatzt und die Mercury-Kügelchen über Ihren Schreibtisch rollen. Da stürmt eine kleine zauberhafte Göttin herein – in Ihrer Vorstellung trägt sie schöne Kleidung in Ihren Lieblingsfarben; sie heißt Venus. Venus spielt mit den mercury-Kügelchen, wirft sie gen Himmel, und eine fällt mit einem großen Knall zurück in Ihren Garten, der sich natürlich auf der Erde befindet. Darüber ist Ihr Nachbar wütend – ein kleiner rotgesichtiger Mensch mit kriegerischem Charakter, der einen Schokoriegel namens Mars in der Hand hält. Da betritt ein Riese Ihren Garten. Er ist 30 Meter groß und befiehlt Mars, sich zu beruhigen. Das tut Mars auch, aus Respekt vor dem „J" auf dessen Stirn, an dem er erkennt, dass er es mit dem Götteroberhaupt Jupiter zu tun hat. Jupiter trägt ein T-Shirt, auf dem das Wort SUN steht, mit riesigen goldenen Lettern, die Anfangsbuchstaben der nächsten drei Planeten Saturn, Uranus und Neptun. Der kleine Hund neben Jupiter ist Pluto; beide wirken vom Größenverhältnis her wie Obelix und sein kleiner Hund Idefix.

Nun haben Sie drei Möglichkeiten kennengelernt, sich einen Sachverhalt, hier die Namen der neun Planeten, zu merken. Schlagen Sie zur Liste der Trainingsfelder des ganzheitlichen Gedächtnistrainings zurück: Sie werden kein einziges Feld vermissen. Wir haben trainiert die

- Wahrnehmung (sinnliche W.: die Wärme der Sonne),
- Konzentration (natürlich müssen wir uns bei allen drei Formen gut konzentrieren),
- Merkfähigkeit (sicherlich wollen Sie sich die Planeten merken),
- Wortfindung (jedes Wort des Merksatzes),
- Formulierung (die Geschichte muss ja in sinnvolle Worte gekleidet werden),
- assoziatives Denken (bei Mars assoziieren wir den Schokoriegel, bei Pluto den Disneyhund),

- logisches Denken (eine sinnvolle Reihenfolge, egal woraus sie sich ergibt),
- Strukturieren (eine logisch durchschaubare Reihenfolge finden),
- Urteilsfähigkeit (den Entschluss für den Schokoriegel beim Planeten Mars sehen Sie als nächstliegend),
- Fantasie und Kreativität (die Bilder kreieren, sich Venus bildlich vorstellen),
- Denkflexibilität (nicht in gewohnten Bahnen denken, sondern neue Perspektiven benutzen).

Übung

Werden Sie wieder selbst kreativ! Erfinden Sie eine fantasiereiche Geschichte, erzählen Sie sie Freunden und probieren Sie aus, wie diese Methode wirkt.

Vokabeln und Fremdwörter

Für das Merken von Fremdwörtern wie für das Lernen von Vokabeln gilt dasselbe wie für alle anderen Lernbereiche: Das meiste merken Sie sich sofort. Anderes prägen Sie sich auf herkömmliche Weise eine Zeitlang ein, und dann haben Sie auch das verinnerlicht. Wie schnell Ihnen die Vokabeln einer fremden Sprache „in Fleisch und Blut" übergehen, erleben Sie, wenn Sie ins Ausland reisen: Während Sie sprechen (= „Tun" mit dem Haftwert von 90 Prozent), fallen Ihnen auch die Vokabeln ein, die noch nicht so sicher waren. Da Sie von morgens bis abends von der fremden Sprache umgeben sind, sind Sie der Sprache auch emotional näher.

Hier geht es um die Begriffe oder Wörter, die einfach nicht in Ihren Kopf hineinwollen, die Wörter, die Sie schon mehrfach im Wörterbuch nachgechlagen haben, die Ihnen immer wieder entgleiten. Hier gilt wie für die anderen Lernbereiche unsere ALF-Methode: Anker, lebendiges Bild und Fantasie.

Sie wissen, dass Patienten, die lange bettlägerig sind, sich wund liegen können. Der Fachbegriff dafür heißt Dekubitus. Und genau diesen Begriff können Sie sich nicht merken. Wir schauen im Lexikon nach und stellen fest, dass das Wort aus dem Lateinischen „decubare" kommt. Wir zerlegen nun das Wort in drei Teile: „de", „cu" und „bare". Nun gehen wir nicht etwa daran, uns das Wort von der Ableitung der Sprache her zu merken (linke Gehirnhälfte), sondern wir „interpretieren" es vom klanglich-mundartlichen her (rechte Gehirnhälfte):

- „de" klingt wie ein lasch gesprochenes „die",
- „cu" klingt wie das Tier auf der Weide: Kuh,
- „bare" klingt wie die Bahre, auf der man Kranke transportiert.

Unsere Fantasie spinnt aus den drei Silben den Satz: „Die Kuh liegt auf der Bahre."

Mit diesem Bild werden wir das Wort „Dekubitus" als Bedeutung für Wundliegen nicht mehr vergessen, auch wenn es nicht 1:1 umgesetzt worden ist. Denn „Dekubitus" ist und klingt anders als „decubare".

Beispiele aus Fremdsprachen

- Sie sollen das französische Wort déviation lernen, zu deutsch „Umleitung". Wieder leiten wir nicht aus dem Lateinischen ab, sondern wir deuten um.
  Das „de" nehmen wir wie beim vorigen Beispiel als klanglich „der".
  Das „via" übersetzen wir korrekt als „Weg", da uns von einigen Reisen her die Wendung „Das Flugzeug fliegt nach Buenos Aires via Paris" geläufig ist.
  Das „tion" wird „ssion" gesprochen und erinnert uns klanglich an den Ort Sion in der französischen Schweiz.

Zu dem Satz „Der (dé) Weg (via) nach Sion (tion) kreieren wir ein Bild: Wir stellen uns ein großes Umleitungsschild vor, auf dem Sion steht.

- Das französische Wort donnant heißt auf Deutsch „freigiebig". Die lautmalerisch umgesetzte Geschichte könnte sein: Es donnert (donn), und meine Tante (ant) erscheint. Hier ist das Wort bis auf das „e" am Ende 1:1 übertragen. Aber etwas fehlt noch. Die Geschichte ist so noch nicht zu Ende. Sie muss vollständig lauten: „Es donnert, meine Tante erscheint und lädt uns freigiebig zu einer Portion Eis ein." Ohne diesen Zusatz wissen wir ja noch nicht, was „donnant" zu Deutsch heißt, nämlich freigiebig, großzügig.

- Zum englischen Wort indignant, was zu Deutsch „entrüstet, ungehalten" heißt, wird der Vorschlag gemacht, das Wort noch mit der Baumliste zu verankern. Das klingt dann so: Ein indischer Dirigent (indignant) dirigiert sein Orchester. Die Zuhörer sind ungehalten (die eine Bedeutung des Wortes), denn der Dirigent hat eine Rüstung (für entrüstet, die zweite Bedeutung des Wortes) an, die klappert. Die Zuhörer nehmen ihm die Rüstung weg – weil es ja entrüstet heißt. Vor Angst rennt er auf einen Baum (Baum = Haken Nummer 1 der Baum-liste).

(Quelle: Alle drei Beispiele sind Vorschläge aus „Mega-Memory" von Gregor Staub.)

Die Methode eignet sich nur für begrenzt viele Vokabeln, wird aber ja auch nur für „hartnäckige Fälle" gebraucht. Beim Lernen von Fremdwörtern oder Vokabeln auf diese Weise ist es wichtig, die korrekte Aussprache zu kennen. Erst dann dürfen wir riskieren, die Wörter für uns umzuformen, damit wir sie ganzheitlich verankern können.

Die Verankerung in der Baumliste als Haken (im dritten Bei-spiel noch angeschlossen) ist nicht nötig. Die Bildgeschichte ist Verankerung genug. Vokabeln müssen ja nicht in einer be-stimmten Reihenfolge gelernt werden.

Einfachere Methoden für Zahlen

Sicherlich ist für einige von Ihnen das Thema „Zahlen merken" sehr wichtig. Es kommt in diesem Buch zweimal vor: In diesem Abschnitt stelle ich einfachere Methoden vor. Später im Zusammenhang mit Mathematik folgt noch eine umfassende Methode (Major-Code).

Exkurs: Warum sind Zahlen schwierig?

Immer wieder hören wir Sätze wie „In Mathe war ich eine Niete", und viele nicken amüsiert zustimmend. Andererseits wird man – zugegeben ein wenig bewundernd – von der Seite angeschaut, wenn man in Musik gute Leistungen erbracht hat. Musik ist einerseits „unbegreiflich", wir erfassen sie mit unseren Sinnen, hörend, fühlend, sie löst Emotionen aus. Wir können sagen: Die ungeübte rechte Gehirnhälfte rückt in den Vordergrund, und dann wiederum hat Musik in ihrer Theorie enorm viel mit der abstrakten Logik der Mathematik und der Physik zu tun. Für Tonverhältnisse, die wir als angenehm klangvoll empfinden, können Musikwissenschaftler sachlich analysierend eine mathematisch-physikalische Begründung nennen. Beide Perspektiven haben eines gemeinsam. Sie erschließen sich nicht primär über die Sprache.

Denn alles, was wir bisher an Lerntechniken besprochen haben, haben wir sprachlich erarbeitet. Vokabeln sind Sprache und wurden sprachlich zerlegt, um mithilfe von Bildern verschlüsselt und durch Sprache wiederum entschlüsselt zu werden. So ist es beim Lernen

- durch Initialisieren (Sprache : Sprache),
- durch Bilder (Sprache : Bilder : Sprache) und
- Geschichten (Sprache : Sprache : Bilder).

Zahlen erschließen sich nicht primär. Wir müssen sie erst in Sprache übertragen.

In den Studien der Kölner Wissenschaftlerin Amina Elsner lesen wir im September 2005, dass Sprachstörungen, die von Hirnverletzungen herrühren, oft auch Störungen im Rechenvermögen mit sich bringen. Erstmals hat sie dabei die Verarbeitung von Zahlwörtern und Zahlzeichen getrennt betrachtet. Sie stellte fest, dass besonders die Verarbeitung der Zahlwörter gestört ist, weniger hingegen das Erkennen der arabischen Ziffern. „Neun" bereitet ihnen also mehr Schwierigkeiten als „9".

Auch Emotionen werden erst gefühlt und dann verbalisiert. Darin liegt die „Fremdheit" der genannten Lerngebiete.

> Es ist ein vorbereitender Schritt zu tun, bevor wir Mathematik oder Musik verstehen. Erst müssen wir übertragen, dann können wir entschlüsseln.

Mnemotechniken für Zahlen

Sicherlich ist dieser Dekodierungsprozess der Grund dafür, dass wir beim Verankern von Zahlen, z. B. Telefonnummern, scheinbar einen noch größeren Aufwand treiben müssen als bei allen anderen Mnemotechniken. Dafür gibt es aber für das Merken von Zahlen auch weit mehr Kombinationsmöglichkeiten. Fangen wir mit einer einfachen Technik an.

Zunächst erinnere ich Sie an die Baumliste, bei der die Zahlen von 1 bis 20 für den jeweiligen Begriff sinnstiftend waren. Gleichzeitig wurde eine Bildhaftigkeit mit hineingenommen. Wir haben also in der Baumliste die Zahl in Sprache (Baum, Lichtschalter usw.) und Bild (der Baum sieht aus wie eine Eins, der Lichtschalter hat zwei Funktionen usw.) übertragen. Nun könnten Sie ja die Baumliste bereits für das Verankern von Zahlen benutzen. Aber was machen Sie mit den Zahlen ab 21?

Im Folgenden gebe ich Ihnen verschiedene Möglichkeiten, sich Zahlen im Alltag zu merken. Die Systeme, die ich Ihnen vorstelle, werden immer komplexer. Aber Sie können ja wählen. Je nach Bedarf reicht vielleicht schon der Code einzelner Zahlen von 0 bis 9. Haben Sie es mit vielen und langen Zahlen zu tun, ist der Major-Code oder Master-Code geeignet, der immer zwei Zahlen miteinander verbindet.

Geht die Notwendigkeit, sich Zahlen merken zu wollen, in den Tausender-Bereich hinein, rate ich zum erweiterten Major-Code, der Ihnen unglaubliche Möglichkeiten bietet. Und Zeit, ihn zu lernen, bleibt auch!

Einfache Zahlenliste

Fangen wir an mit einer einfachen Zahlenliste. Hier können Sie bei der Begriffsfindung selbst gestalten; die Liste bietet nur Vorschläge. Da Sie die Baumliste aber schon gelernt haben, nehmen Sie jetzt bitte für diese Zahlen andere Begriffe. Die Vorschläge beziehen sich einmal auf ein Bild (die Zahl sieht aus wie ..., oder ein bestimmter Gegenstand hat soundso viele ...) oder auf eine musikalisch-rhythmische Umsetzung (die Zahl reimt sich auf ...).

Zahl	Bild	Klang – Rhythmus
0	Ei	Schnuller
1	Kerze	Heinz
2	Schwan	Geweih
3	Dreirad/Schwalbe	Brei
4	Tisch	Bier
5	Faust	Strümpf'
6	Lottoschein	Hexe
7	Siebenschläfer	Rüben
8	Sanduhr	Tracht
9	Kegelspiel	Scheune

Egal für welche Tabelle Sie sich entscheiden, immer gilt es, die Begriffe als Bild zu sehen, und das ist in beiden Tabellen der Fall.

Sehen Sie sich die erste Spalte bitte an. Die Null hat Ähnlichkeit mit einem Ei, die Eins mit einer Kerze, die (geschriebene) Zwei mit einem Schwanenhals, die Drei können Sie übertragen als Dreirad wegen der drei Räder. Sie können sie aber auch optisch als „Schwalbe" übertragen, denn in einer einfachen grafischen Form sieht die Drei aus wie ein fliegender Vogel. Die Vier wird als Tisch mit vier Beinen assoziiert. Da wir in der Baumliste für die Fünf schon die Hand hatten mit den fünf Fingern, nehmen wir jetzt einfach die Faust (oder die Olympischen Ringe). Die Sechs erinnert an einen Lottoschein. Die Sieben ist im Namen des Tiers enthalten. Sie können sich aber auch einen siebenarmigen Leuchter, ein wichtiges Symbol der jüdischen Glaubenstradition, vorstellen. Die Sanduhr hat die Form einer Acht. Das Kegelspiel hat neun Kegel.

Bei der „musikalischen" Umsetzung sind die Zahlen klanglich im Wort enthalten. Die Wortanteile sind in Farbdruck herausgehoben. So assoziieren Sie klanglich immer den entsprechenden Begriff, den Sie sich dann als Bild vorstellen.

Der musikalische Anteil dieser Übertragung wird stärker, wenn Sie auch auf den Rhythmus achten.

Ein Teil der Begriffe wird Sie vielleicht an das Kinderbuch „Die kleine Hexe" erinnern:

Morgens früh um 6
Kommt die kleine Hex'.
Morgens früh um 7
Schabt sie gelbe Rüben.
Morgens früh um 8
Wird Kaffee gemacht.

(Die Acht ist lediglich durch ein Reimschema in das Gedicht gebracht. Wir können als Bildübertragung mit dem Wort „gemacht" nichts anfangen.)

Aber auch wenn die klangliche Übereinstimmung fehlt, ist ein Rhythmus eine gute Möglichkeit, sich Begriffe zu merken. Erinnern Sie sich an Ihre Schulzeit. Der Lehrstoff, der in Ihrer Fibel in Reimen abgedruckt war, blieb am längsten in Erinnerung. Vielleicht erinnern Sie sich heute noch an ein Gedicht, das Sie als Grundschulkind auswendig gelernt haben? Auch durch Lieder merken Sie sich Begriffe, z. B. Vokabeln.

Angenommen, Sie haben sich für die erste Rubrik der Tabelle entschieden. Nun wollen Sie sich mithilfe dieser Bilder einige

Telefonnummern merken. Zunächst stellen Sie fest, dass Sie einige Städtevorwahlen durch häufiges Wählen schon so lange kennen, dass Sie sie gar nicht lernen müssen. Wenn doch, gibt es später im Abschnitt „Major-Code" hierfür eine Methode. Konzentrieren wir uns hier auf die fünf- bis (heute oft sogar) achtstellige Anschlussnummer.

Beispiel „lange" Telefonnummer – Teil 1

Nehmen wir an, die Telefonnummer 8793564 gehört meinem Freund Erwin, eine siebenstellige Zahl. Ich habe sie absichtlich ohne Leerstellen notiert. Sie erscheint unübersichtlich, zumal sich keine der Zahlen wiederholt.
Als Erstes werden Sie die sieben einzelnen Ziffern gruppieren zu drei Gruppen à zwei Ziffern und zu einer à eine Ziffer: 8 79 35 64. Das liest sich bedeutend besser und wird in der Wissenschaft „chunking" genannt (chunk = Klumpen). Durch die Gruppierung wird es uns erheblich leichter, Zahlen auch im Ultrakurzzeitgedächtnis zu speichern. Noch etwas ist jetzt wichtig: Gruppieren Sie Zahlenreihen mit fünf, sieben oder neun Zahlen bitte immer so, dass die einzelne Zahl vorn steht – Sie erinnern sich? Das Gehirn liebt Ordnung (siehe auch Abschnitt „Major-Code").

Das Kurzzeitgedächtnis nimmt beispielsweise eine Zahlenfolge von sieben Zahlen auf und speichert sie höchstens 20 Sekunden lang. Unsere Telefonnummer wäre ein Beispiel dafür. Damit uns die Zahl während des Umgangs mit ihr, also bis zum Eintippen in die Zahlentastatur des Telefons erhalten bleibt, tun wir unserem Gehirn den Gefallen und ordnen die Zahlen in „chunks", in Gruppen.

Probieren Sie das Chunking einmal aus anhand nebenstehender Buchstabenreihe und versuchen Sie jetzt, statt sieben Zahlen sich die sieben Wortfragmente zu merken.

de
rhu
nds
ahd
ieh
uet
te

Die Buchstaben sind bereits gruppiert, aber die Einheiten sind nicht semantisch besetzt, d. h., die Buchstabengruppen sind keine sinnbesetzten Wörter und deshalb schwer zu merken. Um sich die Buchstabenfolgen besser merken zu können, versuchen Sie einfach einmal, sie umzugruppieren. Nach kurzer Überlegung kommen Sie vielleicht zu folgendem Ergebnis: ***der hund sah die huette.***

Mit der entsprechenden korrekten Rechschreibung – große Buchstaben bei Hund und Hütte und statt eines ue ein ü – haben Sie einen verständlichen Satz gebildet, den zu merken keinerlei Schwierigkeit mehr macht. Die Buchstaben der Sprache sind im Allgemeinen bereits strukturiert dadurch, dass sich nach dem Wortende immer ein kleiner Zwischenraum befindet. Schriftsprache strukturieren wir durch Rechtschreibung, Anwendung der korrekten Grammatik und durch Interpunktion. Gesprochene Sprache wird erst verständlich durch Betonung, Sprechmelodie, Lautstärke und Artikulation.

Für uns ist wichtig, dass Sie durch Chunking sowohl Zahlen als auch Musikstücke in lernbare Häppchen einteilen können.

Beispiel „lange" Telefonnummer – Teil 2

Nun müssen wir uns unsere Telefonnummer noch mihilfe der Bilder merken, die zu den Zahlen von 0 bis 9 gehören. In der Aufstellung wird aus 8 79 35 64:

8 = Sanduhr
7 = Siebenschläfer
9 = Kegelspiel
3 = Dreirad
5 = Faust
6 = Lottoschein
4 = Tisch

Jetzt ist wieder Ihre Kreativität gefragt. Aus diesen sieben Wörtern gilt es nun, eine Geschichte zu erfinden.

Zum Beispiel diese:
Erwin schaut auf die Sanduhr und stellt fest: Heute ist ja Siebenschläfer! Da ist doch immer Kegelabend! Er schwingt sich auf sein Dreirad, ballt die Faust und ruft laut „juchu-uuhh!", denn er will seinen Freunden erzählen, dass er gerade im Lotto gewonnen hat. Freudestrahlend setzt er sich zu ihnen an den Tisch!

Übung

Rita hat die Telefonnummer 7 82 70.
a) Übersetzen Sie diese Nummer mithilfe vorstehender Tabelle in Bilder und erfinden Sie dazu eine Geschichte.
b) Übersetzen Sie die Nummer in Klang-Rhythmus-Bilder und erfinden Sie ebenfalls eine Geschichte.
Lösungen:

a) Die Übersetzung lautet: 7 = Siebenschläfer / 8 = Sanduhr / 2 = Schwan / 7 = Siebenschläfer / 0 = Ei
Eine Geschichte könnte so aussehen: Rita wartet sehnsüchtig auf den Tag, an dem Siebenschläfer ist, denn der soll ja das Wetter für die nächsten sieben Wochen bestimmen. Sie sitzt vor einer Sanduhr, damit sie die Zeit nicht verpasst. Da fliegt ein Schwan herbei, landet und stößt mit seinem Schnabel einen kleinen Siebenschläfer an, der sich sofort zum Schlafen legt. Anschließend legt er noch ein Ei und fliegt weg.
b) Die Übersetzung: 7 = Rüben / 8 = Tracht / 2 = Gewelh / 7 = Rüben / 0 = Schnuller
(Eine Geschichte werden Sie selbst finden.)

Natürlich dürfen Sie die Begriffe der Tabellen mischen und sich selbst welche einfallen lassen, denn an die erinnern Sie sich am besten. Wenn Sie sich allerdings für eine Zahlenliste entschieden haben, dann bleiben Sie dabei!

Beim Lernen von Zahlencodes gilt, dass man bei einem Bild bzw. Begriff bleiben soll.

Das ist auch die sicherste Merkmethode. Aber manchmal entsteht die Geschichte beim Verankern einer Telefonnummer nicht so flüssig mit dem Begriff, auf den man sich festgelegt hat. So lange Ihnen also bei „Geweih" und bei „Schwan" in jedem Fall die Zahl „zwei" einfällt, können Sie beide im Wechsel anwenden. Probieren Sie das aber bitte erst aus, wenn Sie auch die nächste Möglichkeit des Zahlenmerkens erlernt haben: den Major-Code oder Master-Code.

Strukturierung

Im letzten Abschnitt haben Sie Beispiele zum Thema „Strukturierung" gefunden. Fast alles, was Sie bisher gelesen haben, erfordert Strukturierung, was ja nichts anderes bedeutet als „Ordnung schaffen", „sortieren", eben einer Sache eine Struktur geben. Trotzdem ist es wichtig, sich bewusst zu machen, dass Sie sich auch mit einer spontanen Strukturierung einiges kurzfristig ohne Mnemotechnik merken können, nur weil Sie es strukturiert haben.

Natürlich können Sie sich die folgenden Begriffe mithilfe einer bereits erlernten Technik merken. Bitte tun Sie es nicht, damit Sie nichts verbauen. Denn diese Begriffe sollen als Beispiel für sinnstiftendes Strukturieren dienen.

- Bär
- Jasmin
- Ei
- Kuchen
- Tiger
- Käse
- Löwe
- Maiglöckchen
- Rose
- Tulpe
- Salat
- Wolf
- Brot

Wenn Sie diese Begriffe sinnvoll ordnen, können Sie sie sich durchaus sehr schnell merken, ohne eine Technik anzuwenden. Das ist immer dann sinnvoll, wenn Sie sich Begriffe nicht über einen längeren Zeitraum, sondern nur kurz merken wollen.

Stukturieren: praktisch

Die Begriffe der voranstehenden Liste lassen sich den Oberbegriffen Tiere, Pflanzen und Nahrungsmittel zuordnen. Tiere sind Bär, Löwe, Wolf, Tiger; zu den Pflanzen gehören Jasmin, Maiglöckchen, Rose, Tulpe; Nahrungsmittel sind Ei, Kuchen, Käse, Salat, Brot.

Erst an dieser Stelle können Sie eine Technik (Loci-Technik, Baumliste, Körperliste) bemühen, um sich die Gegenstände noch schneller zu merken.

Eine zweite Möglichkeit des Strukturierens ist, die Dinge alphabetisch zu ordnen, um Sie zu erinnern, wenn Sie die Buchstaben einzeln durchgehen.

Passwörter

Im Alltag können Sie die Initialisierung gut gebrauchen, wenn es um PIN-Nummern, Benutzernamen und Passwörter geht. Abzuraten ist von leicht zu merkenden Begriffen wie z. B. dem eigenen Vornamen. Wer zu solchen einfachen Passwörtern greift, darf sicher sein, dass sie binnen Kurzem geknackt sind. Wenn Sie nun das Wort „Gedächtnistraining" als Code benutzen wollen, sind Sie schon viel länger sicher, vor allem, wenn Sie nicht offensichtlich mit diesem Thema zu tun haben. Aber auch bei dieser Art von allgemeinen Begriffen bleibt Unsicherheit.

Manche Systeme (wie z. B. E-Mail-Programme) informieren Sie, wenn Ihr Passwort nicht sicher genug scheint. Sie bekommen einen auf maschineller Wahrscheinlichkeitsrechnung beruhenden Hinweis auf die Sicherheitsstufe. Ist diese niedrig, werden Sie aufgefordert, sich ein anderes Passwort auszudenken.

Am sichersten sind Passwörter mit einer Kombination aus kleinen und großen Buchstaben und Zahlen, z. B. dieses: DTh24S.

Wie merkt man sich nun ein solches Passwort? Vor allem, wenn man noch zwischen Groß- und Kleinschreibung wechseln muss? Nun, ich habe in diesem Fall nicht ein vorgegebenes Passwort durch Initialisierung in einen Satz umgewandelt, sondern das Passwort selbst ausgedacht. Es sind die „Initialen" des Satzes: „Der Tag hat 24 Stunden."
Manchmal werden Ihnen Passwörter vorgegeben mit der Option, diese zu ändern. Nehmen Sie demnächst einfach einmal die Herausforderung an und versuchen Sie, beim vorgegebenen und damit sehr sicheren Passwort zu bleiben. Wenn Ihnen das nicht gelingt, können Sie sich immer noch ein anderes Passwort einfallen lassen.

Denken Sie sich zu jedem Passwort einen Satz mithilfe der Initialisierungstechnik aus oder finden Sie eine sinnvolle, ganzheitlich merkbare Eselsbrücke.

Beispiel

1.FCKsBM10:0
Ein zwölfstelliges Passwort, das Klein- und Großbuchstaben, Zahlen und Sonderzeichen enthält – eine harte Nuss für Codeknacker. Es ist die Abkürzung des Satzes:
1. FC Köln schlägt Bayern München 10:0.
Ein Fan des 1. FC Köln hätte hier auch noch sein Traumbild integriert!

Bedenken Sie noch: Vom Passwort mag man auf den Satz rückschließen können. Nur das Passwort zu „erraten", ohne jeglichen Anhaltspunkt, ist unmöglich.

Auf den Punkt gebracht

- Das Ordnen von Anfangsbuchstaben (eines oder mehrerer Wörter) hilft beim Merken einer bestimmten Reihenfolge.

- Eine Liste hilft als Grundlage beim Ordnen eines Themas oder einer Handlung. Infrage kommen mehrere Listen (Baumliste, Uhrensystem mit Tieren).

- Mit der Loci-Technik lassen sich Stichpunkte eines Vortrags merken.

- Das Merken mithilfe von Geschichten regt die Vorstellungskraft an.

- Das Analysieren von Vokabeln und Fremdwörtern gibt eine neue hilfreiche Perspektive; zum Merken wird die Lautumsetzung herangezogen.

- Zahlen lassen sich in besonderer Anordnung leichter merken und werden über spezielle Listen (nach Bild oder nach Klang) codiert.

- Durch Strukturierung werden Begriffe geordnet und leichter gemerkt.

- Mit Mnemotechniken „erzeugte" Passwörter lassen sich nicht mehr knacken.

6 Kombinieren verschiedener Techniken

Hilfe für komplexere Anwendungen

Herausragende Gedächtnisleistungen sieht man immer wieder in Fernsehsendungen: Jemand kann die ersten 20 Stellen der Zahl Pi auswendig hersagen. Oder eine junge Gedächtnismeisterin merkt sich die Vornamen von 34 Personen, die Nummer an der Bekleidung dieser Personen und die dazugehörenden Hunde. Aufgabe wird später sein, die Namen der Personen zu erinnern und die Hunde ihren „Herrchen" oder „Frauchen" korrekt zu übergeben.

Menschen, die das können, arbeiten mit denselben Techniken, die Sie in Kapitel 5 kennengelernt haben. Sie verknüpfen nur mehrere Techniken miteinander, gestalten sie persönlich um und üben regelmäßig.

Da man nur so zu umfassenderen Gedächtnisleistungen gelangen kann – egal um welche (berufliche) Anwendung es geht –, sollen jetzt einige Kombinationen vorgestellt werden, mit denen Sie ebenfalls arbeiten können. Man muss nur wissen: Sie bedeuten größeren Aufwand.

Namen

Einen Namen an sich können Sie sich leicht mit derselben Technik merken, mit der wir Fremdwörter und Vokabeln gelernt haben. Aber nur der Name reicht nicht aus. Sie wollen ja auch wissen, zu welcher Person er gehört. Versuchen Sie bitte, jemandem eine Freundin zu beschreiben. Das beginnt häufig so: „blond, 1,70, hübsch, freundlich …" Vielleicht bekommen Sie als Feedback ein zustimmendes Lächeln und Kopfnicken, weil Sie und Ihr Gesprächspartner meinen, Sie sprechen von derselben Frau. Später stellt sich heraus, dass es sich wohl doch um eine andere Person handeln muss.

Was Sie beim Erinnern an Personen bedenken müssen

Die äußeren Kriterien reichen nicht aus. Angenommen, Sie haben sich mit der im Folgenden beschriebenen Technik schon einige Personen gemerkt: Es bleibt dann immer noch schwierig, diese Menschen beim nächsten Mal wiederzuerkennen. Das liegt u. a. daran, dass Sie einen Menschen ganzheitlich wahrnehmen. Sie erleben seine Bewegungen, Sie sehen ihn/sie plötzlich im ungewohnten Profil, Sie hören eine unverwechselbare (oder verwechselbare!) Stimme – all das kann es Ihnen sowohl schwer als auch leicht machen, diesen Menschen wiederzuerkennen. Wichtig ist auch, dass Sie innerhalb eines kurzen Zeitraums wieder auf diese Personen treffen. Das ist die notwendige Wiederholung beim Namenmerken.

Herangehen beim Namenmerken

Wenn Sie im Außendienst, als Lehrer, als Seminarleiter arbeiten, haben Sie es immer mit neuen Namen und Gesichtern zu tun. Wenn diese Menschen Schneider, Sommer oder Montag heißen, ist es nicht so schwer, sie sich zu merken. Beim Namen Jäger wird es schon schwieriger: Leider ist Förster von der Funktion her ähnlich, und ohne vertieftes Merken können die Namen verwechselt werden.

Für Namen ist bildliche Vorstellung eine große Hilfe.

Kleine Beispiele

Stellen Sie sich den Menschen mit dem Namen Schneider einfach im Schneidersitz auf einem Tisch sitzend vor (wie im Märchen) und mit langem Faden an etwas nähend: Sie werden sich an den Namen genau erinnern. Die Person mit dem Namen Sommer stellen Sie sich in einer sommerlichen Szene vor, und mit Montag verbinden Sie genau das, was Sie selbst mit Montag am besten assoziieren – den Tag selbst als Wochenbeginn, oder den Mond, nach dem dieser Tag benannt ist.

Egal ist es auch, ob die Assoziation positiv oder negativ ist. Wenn Ihr Gefühl im Spiel ist, merken Sie sich ja bekanntlich alles leichter!

Differenzierende Bilder für ähnliche Namen

Der Jäger hat mit Tieren zu tun, der Förster aber mit den Bäumen des Waldes. Schon durch diese strukturierende Zuordnung haben Sie eine bessere Merkmöglichkeit zum Unterscheiden der ähnlichen Namen. Nun stellen Sie sich bitte Herrn/Frau Jäger nicht einfach in grüner Kluft mit Jägerhut auf dem Kopf vor. Das Bild ist zu einfach. Nein, Herr Jäger sitzt mit angelegtem Gewehr auf einem Eber und rast durch den Wald. Man sieht hinter ihm nur noch eine Staubwolke – das übertriebene, fantastische, bewegte Bild hilft zu erinnern. Herrn/Frau Förster wiederum stellen Sie sich oben auf einer Tanne sitzend vor, die über und über mit Weihnachtsschmuck behängt ist; er selbst versucht gerade in gefährlicher Aktion, Kerzen auf die Tannenzweige zu montieren.

Auch hier haben wir wieder die bekannten übertriebenen Bilder. Diese Art von assoziativem Denken, wie es bei den Namen Jäger und Förster naheliegt, benutzen wir immer mal wieder spontan, um uns an etwas für kurze Zeit zu erinnern. Sind die Bilder aber zu blass, klappt es nicht. Man weiß noch, dass der Personenname ein Monatsname war, erwischt jedoch den falschen ...

Das konkrete Vorgehen

Wenn sich Ihnen jemand vorstellt, sind die ersten Schritte zum Behalten des Namens:

- ganz genau hinhören,
- wiederholen,
- nachsprechen,
- aufschreiben (am Telefon),
- buchstabieren lassen,
- wahrnehmen und assoziieren,
- Klang des Namens aufnehmen,
- Anfangsbuchstabe des Namens merken.

Wenn Sie sich jemandem vorstellen, nennen Sie bitte Ihren Namen laut und deutlich. Wenn ich nach meinem Namen gefragt werde und merke, dass mein Gegenüber ihn noch nicht ganz verstanden hat, sage ich immer: „Brunsing, (buchstabierend) b – r – u – n – wie der halbe Brunnen, s – i – n – g – wie das halbe Singen. Wenn diese Menschen dann erfahren, dass ich u. a. auch Sängerin bin, meinen viele: „Das passt ja!", und merken sich meinen Namen sicherlich eine ganze Weile.

Tipps für die Vorstellung in Seminaren

Nicht in normalen Besprechungen, aber auf Seminaren kann man Kennenlernübungen nutzen, beispielsweise:

Ballwerfen
Teil a): Man steht im Kreis, wirft jemandem den Ball zu und nennt seinen Namen.
Teil b): Man steht im Kreis, wirft jemandem den Ball zu und nennt dessen Namen.

Visitenkarten (in einem Gedächtnistrainings-Seminar praktiziert):
Die Teilnehmer werden aufgefordert, bildlich gestaltete Visitenkarten ihres Namens anzufertigen.

Namensschilder (aufklebbar oder mit Plastikanstecker) helfen zwar, sich im Seminar mit Namen anzusprechen, aber der (Gedächtnis-)Haftwert der Schilder ist gering und endet häufig mit dem Schluss des Seminars.

Beispiel Visitenkarte: Annette Brunsing
Zu meinem Vornamen sage ich: „Dieser Brief geht an Nette" (= Annette).
Zum Nachnamen erläutere ich, dass die beiden Hälften des Namens ein Rebus sind, wie Sie sie alle von den Rätselseiten von Zeitungen und Zeitschriften kennen.
Das Wort Brunnen hat sieben Buchstaben. Da ich nur vier davon brauche, streiche ich den fünften, sechsten und siebten.

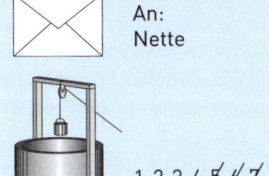

Wir haben bereits festgestellt, dass zu allgemeine Merkmale untauglich sind, wenn man sich nicht nur an den Namen, sondern auch an das Aussehen eines Menschen erinnern will. Nun haben aber nicht viele Menschen ein ungewöhnliches Äußeres oder außergewöhnliche, unveränderliche körperliche Merkmale. So müssen Sie im nächsten Schritt schon beim ersten Kennenlernen sich einfach ein Merkmal „besonders machen". Die (normale) hohe Stirn, der Rand der (nicht seltenen) Hornbrille, der breite Mund, die lockigen Haare – sogar eine Brosche, eine Kette sind als Anker möglich, auch wenn dieser Mensch Kette und Brosche am nächsten Tag nicht trägt. Dieser Anker ist dazu da, dass Sie Ihr übertriebenes Bild, Ihre kleine Geschichte daran aufhängen und Ihnen dann der Mensch auch ohne dieses äußere Merkmal erinnerbar wird.

Wir brauchen also:
- einen Platz (Anker),
- eine lebendige Geschichte (Bewegung) und
- ein fantasievolles Bild (rechte Gehirnhälfte).

Mithilfe eines Ankers interpretieren wir den Namen und verknüpfen ihn, sodass er ständig abrufbereit ist. Zum ersten Mal verbinden wir eine Technik mit einem Menschen ganz persönlich. Das erscheint uns manchmal durchaus respektlos, aber das macht nichts. Es ist ja nur Ihre Technik, die Sie dazu benutzen, um den Menschen respektvoll mit seinem Namen anzureden, nicht, um sich über ihn lustig zu machen. Denken Sie an das Ergebnis: Der Mensch fühlt sich geschätzt, wenn man sich an seinen Namen erinnert!

Wenn Sie so vorgehen, schärfen Sie auch sofort Ihre Wahrnehmung. Sie werden von nun an:

- genau beschreiben (ganz schlank ist relativ),
- außergewöhnliche und unveränderliche Merkmale registrieren und
- bildhafte Vergleiche finden.

Natürlich dürfen Sie auch eine einfache Assoziation verwenden. Sie haben es leichter, wenn Sie Ihr Gegenüber an jemanden erinnert. Dann geben Sie ihm oder ihr den Namen des Freundes oder Dichters oder Pop-Sängers, an den er/sie Sie erinnert und verbinden Sie ihn mit diesem Namen.

Zum Beispiel: Wenn eine Frau namens Montag Sie an die Schauspielerin Katja Riemann erinnert, dann heißt sie eben (für Sie) Katja mit Vornamen, und als Eselsbrücke sehen Sie gern montags einen Film mit Katja Riemann. Erinnern Sie sich an Ihre Schulzeit: Wie kreativ waren Sie, wenn es darum ging, den Lehrern Spitznamen zu verpassen! Die Namen sind nicht alle immer respektvoll, aber sie nützen dem Erinnerungsvermögen (und dienen dem Lachen, eine schöne Entspannungsübung!).

Trotzdem kommen Sie nicht umhin, mit einer Gedächtnistrainingstechnik das Namenlernen zu praktizieren.

Das Vorgehen wird Sie an das Lernen der Vokabeln und Fremdwörter erinnern, nur dass wir hier nicht so genau sein müssen. Wenn Sie mit Menschen kommunizieren, ist nicht die Schreibweise ihres Namens entscheidend. Wichtig ist, dass Sie sie persönlich anreden bzw. sich an den Namen zum Nachschlagen erinnern können.

Die „Visitenkarte", die ich von meinem eigenen Namen gemacht habe, ist durchaus tauglich, um sich den Namen als bewegtes Bild zu merken. Sie haben allerdings jetzt keine Vorstellung davon, wie ich aussehe. Wenn ich mich Ihnen beschreiben müsste, würden Sie vieles erfahren, das nicht „merk-würdig" ist, weil es auf viele Menschen zutrifft: 1,70 groß, blond, „nett". So sehen viele Menschen aus. Es kommt darauf an, Anker zu finden, und dazu zwei Beispiele.

Beispiele für Namens-Anker

1. Ich habe auffallend blaue Augen. So nehmen Sie meine blauen Augen bitte als Anker. Sie kreieren jetzt das Bild einer Frau, die mit ihren blauen Augen einen Brief liest. Weil die Augen nun so sehr blau sind, wird die Schrift auf dem Brief „An Nette" beim Lesen blau. Ich sitze dabei auf dem Rand eines Brunnens und singe laut, weil der Brief eine gute Nachricht enthielt.

2. Nehmen wir ein weiteres Beispiel. Eine Frau, dunkelhaarig, 1,68 groß, schlank, gut aussehend, stellt sich Ihnen als Katja Kösters vor. Jetzt nehmen Sie die dunklen, lockigen Haare als Anker und stellen sich vor, dass die Haare dieser Frau geformt sind wie die Katjes aus Lakritz. Der Nachname Kösters bezieht sich auf den Beruf, den jemand in ihrer Familie ausgeübt hat, nämlich „Küster". Der Küster in der katholischen Kirche hatte die Aufgabe, dem Priester am Altar zur Hand zu gehen bei der Vorbereitung und Durchführung von Gottesdiensten, gleichzeitig spielte er die Orgel. So sitzt diese Frau also an der Orgel und spielt selig irgendwelche schönen Melodien.

Wie bei allen Techniken, so erfordert diese Technik erst einmal einigen Aufwand. Jetzt gebe ich Ihnen aber gleich einen Rat, wie Sie sich die Arbeit erleichtern können. Machen Sie sich eine Vornamens-Liste! Es gibt vielleicht mehrere Frauen in Ihrer Umgebung, die mit Vornamen Barbara, Susanne, Helga, Sabine heißen und sich nur durch den Nachnamen unterscheiden. Genauso kennen Sie vielleicht mehrere Männer mit Namen Jens, Wolfgang, Michael oder Thomas. Wenn Sie sich ein für Sie verbindliches Bild zum Vornamen machen, dann geht der Merkprozess deutlich schneller, denn das erste Bild ist bereits da. Ihre Liste sähe dann so aus:

Name	Bild des Namens
Barbara	Rhabarber
Susanne	Süße Ananas
Helga	Helle Gardinen; heller Garten
Sabine	Satte Biene
Jens	Jäger mit Sense
Wolfgang	Ein Wolf geht (durch den Tunnel)
Michael	Eine Kelle, mit der man Milch schöpft
Thomas	Eine Spielkarte (As) mit Tomaten als Symbol

Egal, welches Bild Sie finden, es wird funktionieren. Sie können sogar für Helga und Helge, also für einen weiblichen und einen ähnlich klingenden männlichen Vornamen, dasselbe Bild verwenden. Sie werden nie das Geschlecht der vorgestellten Person verwechseln!

Übung

Wenn Sie Namen wirklich behalten wollen, fangen Sie jetzt damit an, eine der dargestellten Techniken einzuüben. Schieben Sie dies nicht auf. Gehen Sie so vor:
1. Jedes Mal, wenn Sie am Tag eine Person kennenlernen, setzen Sie einen Anker und überlegen eine Geschichte/ein Bild. Es kostet nur wenige Minuten.
2. Gehen Sie abends noch einmal alle Personen gedanklich durch, die Sie am Tag kennengelernt haben.
3. Rekapitulieren Sie am Wochenende die Woche.
Nach kurzer Zeit geht Ihnen das in Fleisch und Blut über.

Formeln aus Mathematik – Physik – Chemie

Zum Erlernen von Zahlen habe ich erläutert, dass die Schwierigkeit darin liegt, ein abstraktes Wissen in Worte und Bilder zu übertragen. Wir erinnern uns, dass wir zunächst abstrakte Zahlen vor uns haben, die eines zusätzlichen Schritts bedürfen, um in Sprache bzw. Bilder übertragen zu werden.

Die Annahme, dass diese Vorgehensweise bei Formeln noch schwieriger ist, ist falsch. Wenn Sie die nachstehende Formel, die bekannte Zinseszinsformel, mit Gedächtnistrainingsaugen anschauen, d. h. als Grafik, als Bild ansehen, fällt es leichter, eine Technik zu finden, um sie sich zu merken. Man macht eine Geschichte daraus.

Zuvor jedoch ein Hinweis: Mathematiklehrer und -dozenten streben natürlich an, dass die Schüler und Studierenden die Formel verstehen und die Grundformel „verständig" aufschreiben können, um dann Umformungen herzuleiten. Daran scheitern viele Menschen und behelfen sich mit (Auswendig-)Lernen. Genau hier greifen die Gedächtnistechniken.

Mathematik – Zinseszinsformel

$$p = 100 \left(\sqrt[n]{\frac{K_n}{K_0}} - 1 \right)$$

p = Zinssatz; n = Anzahl der Zeitintervalle;
K_n = Endkapital; K_0 = Anfangskapital

Geschichte (nach Gregor Staub): Ein **Postbote** bringt **100** Kilo Zucker im Sack, darin ist eine Nuss**wurzel**, und da ist ein **König**, der an seinen Fingern **n**agt und der mit seiner **Königin** streitet, weil sie einen zu teuren **Ring** gekauft hat. Zusammen **sägen** sie einen **Baum** ab.
Sie sehen, auch hier wird wieder mit dem übertriebenen, fantasievollen und lebendigen Bild und der unwirklichen Geschichte gearbeitet.

Mathematik – Kegelstumpfberechnung

Als weiteres Beispiel soll eine Formel zur Kegelstumpfberechnung dienen. Kegelstumpf ist in der Geometrie die Bezeichnung für einen speziellen Rotationskörper. Ein Kegelstumpf entsteht dadurch, dass man von einem geraden Kreiskegel parallel zur Grundfläche einen kleineren Kegel abschneidet.

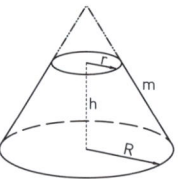

Die größere der beiden parallelen Kreisflächen ist die Grundfläche, die kleinere die Deckfläche. Die dritte der begrenzenden Flächen wird als Mantelfläche bezeichnet. Unter der Höhe des Kegelstumpfs versteht man den Abstand von Grund- und Deckfläche.

Durch den beschreibenden Text und den Vergleich mit dem Bild des Kegels haben Sie sich dem Thema bereits genähert und sich mit ihm auseinandergesetzt. Nun geht es um das Lernen der Formel zur Berechnung. Die Formel für die Berechnung der Länge einer Mantellinie lautet:

$$M = \sqrt{(R - r)^2 + h^2}$$

Geschichte: Eine **Mutter** bringt **Möhren** (Wurzeln) in den Garten. Sie tritt an die Umrandung eines Beetes und bewundert den **großen** blühenden **Rosenstrauch.** Dann versetzt sie den **kleinen Rosenstrauch,** der zu dicht daneben steht, etwas weiter hin zur Abgrenzung an der anderen Seite des Beetes. Über ihr befindet sich ein **Lichtschalter** für die Beleuchtung der Rosen, an den sie aber nicht heranreicht. Da kommt eine kleine **Heuschrecke** hinzu, springt hoch hinauf an den **Lichtschalter** und macht das Licht an.

Mathematik – Dritte Binomische Formel

$$a^2 - b^2 = (a + b) \cdot (a - b)$$

> **Geschichte:** Ein Ameisenbär frisst von einem Baum
> **2 A**meisen, als ein **B**raunbär kommt und ihn in **beide** Ohren
> beißt. Daraufhin wirft der Ameisenbär einen **Sack** über ihn
> **()**. In diesem Sack befindet sich eine **A**meise und der
> **B**raunbär. Dann **frisst** die **A**meise den **B**ären.

Physik – Relativitätstheorie

Auch hier gilt, dass Sie verstehen müssen, was Sie lernen.
Vielleicht hilft es Ihnen bereits, eine Assoziation aufzubauen,
die nachhaltig wirkt, wenn Sie den innewohnenden Sinn erfahren bzw. rekapitulieren.

Am 27. September 1905 erreicht ein Brief aus Bern die Fachzeit-
schrift „Annalen der Physik" in Berlin. Der Absender ist Albert
Einstein. Der Titel: „Ist die Trägheit eines Körpers von seinem
Energiegehalt abhängig?" Die berühmte Formel ist in dem Aufsatz noch nicht aufgeführt. Aber der Artikel führt aus: Jede Energie, die man in einen Gegenstand hineinsteckt – etwa indem
man ihn beschleunigt – erhöht seine Masse. Das heißt, je schneller er schon ist, desto schwieriger wird es, ihn noch schneller zu
machen – wegen der wachsenden Masse. Je näher man an die
Lichtgeschwindigkeit herankommt, desto extremer wirkt sich
die Massenzunahme aus, und zwar so stark, dass ein Körper die
Lichtgeschwindigkeit niemals erreichen kann.

Die Formel lautet: $E = mc^2$
(E = Energie, m = Masse, c = Geschwindigkeit, lat. celeritas)

Hilft Ihnen der Sinn nicht beim Merken, bietet sich die Initialisierung in Kombination mit der „Geschichte" an.

> **Geschichte:** Einstein (E) geht (=) mittags (m) zum „kleinen
> Chinesen" (c) hinauf in den 2. Stock (2).

Chemie – Schwefelsäure

Auch Formeln aus der Chemie lassen sich ohne Weiteres mit Mnemotechniken lernen. Bei der Vielfalt und Verwechselbarkeit wird fast jeder auf Formeln treffen, die er sich ohne Techniken einfach nicht merken kann. Als Technik lässt sich die Initialisierung gut mit einer „Geschichte" verbinden.

Beispiel Schwefelsäure: H_2SO_4

Helga stürmt **2** Treppen hinunter zu **S**usi und erzählt ihr, dass ihre **O**ma für **4** Tage nach Ungarn fährt. Die **Schwe**denreise hat nicht geklappt, darüber ist sie **sauer.**

Erläuterung: Anfangsbuchstaben der Elemente wegen der Großschreibung als Hauptwörter. Helga = Hydrogenium, „hinunter" = die tief gestellte 2 nach dem H. Susi = Sulfur, Oma = Oxygenium. Die 4 wird tief positioniert; das merkt man sich an Ungarn (für unten). Und damit man weiß, dass man gerade die Formel für Schwefelsäure gelernt hat, folgt der zweite Satz mit Schweden (Schwefel) und sauer (Säure).

Übung

Es kommt darauf an, dass Sie sich mit dem Initialisieren und Geschichtenerfinden anfreunden und dass es Spaß macht. Reservieren Sie in Ihrer Lernplanung regelmäßige Übungszeit, um sich immer wieder einmal eine „Formelgeschichte" zu erarbeiten. Vergessen Sie nicht, die Formel dann abends oder am nächsten Tag sowie am Ende der Woche noch einmal zu wiederholen.

Der Major-Code für Zahlen

Wie beim Chunking der Buchstaben gehen wir diesmal von 99 Zahlen in Zweiergruppen aus. Die Begriffe, die den Zahlen zugeordnet sind, stehen in einem bestimmten Verhältnis zueinander, sodass wir sie nicht wie sonst stur lernen müssen, sondern ableiten und verstehen können.

Wahrscheinlich wird es Ihnen gehen wie den meisten Menschen. Sie werfen einen Blick auf die Major-Code-Tabelle, sehen die 99 Begriffe, die Sie sich zu 99 Zahlengruppen merken sollen und fassen zusammen: „Das lerne ich nie!" Nun gut, bitte bedenken Sie:

Der Major-Code (Master-Code) ist eine durchaus aufwendige Technik, die sich aber auf jeden Fall lohnt, wenn Sie sich regelmäßige viele Zahlen merken müssen.

In vorangegangenen Kapiteln haben Sie erlebt, dass Lernen und Merken „deutlich einfacher" wurde, wenn Sie entsprechende Techniken angewendet haben. Betrachten wir also den Code und befassen wir uns dann mit dem Prinzip, nach dem die Zahlen gruppiert wurden.

Die Major-Code-Tabelle

00 = Nonne	01 = Note	02 = Nase	03 = Name	04 = Narr
05 = Nil	06 = Nebel	07 = Nische	08 = Neffe	09 = Nagel
10 = Tanne	11 = Tod	12 = Tasse	13 = Team	14 = Tor
15 = Tal	16 = Tube	17 = Tasche	18 = Tafel	19 = Tag
20 = Sonne	21 = Zeit	22 = Soße	23 = Samen	24 = Säure
25 = Saal	26 = Sieb	27 = Zeche	28 = Seife	29 = Sage
30 = Mohn	31 = Matte	32 = Moos	33 = Mama	34 = Meer
35 = Mehl	36 = Mappe	37 = Moschee	38 = Muff	39 = Magen
40 = Rinne	41 = Ratte	42 = Rose	43 = Rum	44 = Rohr
45 = Rollo	46 = Rabe	47 = Rausch	48 = Riff	49 = Reck
50 = Liane	51 = Latte	52 = Lasso	53 = Lamm	54 = Leier
55 = Lolli	56 = Liebe	57 = Lasche	58 = Lava	59 = Liege
60 = Bahn	61 = Bett	62 = Bus	63 = Baum	64 = Bier
65 = Ball	66 = Papa	67 = Busch	68 = Puff	69 = Puck
70 = Schnee	71 = Schutt	72 = Schuss	73 = Schaum	74 = Schere
75 = Schal	76 = Schippe	77 = Schach	78 = Schaf	79 = Scheck
80 = Fahne	81 = Foto	82 = Fass	83 = Familie	84 = Fähre
85 = Falle	86 = Fabel	87 = Fisch	88 = Waffe	89 = Waage
90 = Kahn	91 = Kette	92 = Kasse	93 = Kamm	94 = Karre
95 = Kehle	96 = Kappe	97 = Kachel	98 = Kaffee	99 = Kakao

Exkurs: Erläuterungen zum Verständnis der Tabelle

Die Zahlen sind alle zweistellig, wenn wir die Null vor den einstelligen Zahlen bis Neun dazu rechnen (01, 02 usw.). Hinter den Zahlen finden Sie ein Stichwort, das mit der Zahl direkt zu tun hat und Ihnen die Möglichkeit gibt, den Code relativ leicht zu erlernen. Wieder haben wir es mit verbalen oder bildlichen Assoziationen zu tun.

Jede Zahl wird durch einen Buchstaben dargestellt, der einen direkten Bezug zur Zahl hat:

- Die 0 beginnt mit einem „N", wie „**N**ull".
- Die 1 entspricht dem „T" durch optische Ähnlichkeit.
- Die 2 sieht einem geschriebenen „S" bzw. „Z" ähnlich.
- Die 3 sieht geschrieben und klein gedruckt aus wie ein aufgestelltes „M".
- Die 4 kann je nach persönlicher Schrift eine Ähnlichkeit mit einem kleinen geschriebenen „R" haben.
- Die 50 wird im Lateinischen als „L" dargestellt; wir nehmen das „L" für die 5.
- Die 6 sieht aus wie ein unfertiges geschriebenes „B".
- Die 7 sieht aus wie ein kleines „J". Da das „J" nicht häufig vorkommt, werden statt des „J" für die 7 die Konsonantengruppen „sch" und „ch" genommen.
- Die 8 sieht aus wie ein ausladend geschriebenes „f" .
- Die 9 sieht aus wie ein unvollständig geschriebenes „g".

Nun müssen die Zahlen bzw. die ihnen entsprechenden Buchstaben nur noch mit einem Vokal oder Umlaut verbunden werden, dann haben Sie den Code für die zu lernende Zahl. So sind die Begriffe immer ein- oder zweisilbig, denn es kommt ja wesentlich auf die Konsonanten an, die die gelernte Zahl darstellen sollen.

Quelle: Die Grundstruktur dieses Major-Codes ist dem Buch „Gedächtnistraining" von Zehetmaier und Stanek entnommen. Ein Vergleich zeigt, dass hier einiges weggelassen wurde. Ich verzichte z. B. auf die Ersatzkonsonanten x, ß, tz, weiches und hartes c, h, pf, ph, q und auf den Hauptkonsonanten j. Selten verwende ich z, d, ch, v, w und k. Die in diesem Major-Code genutzen Konsonanten sind fett gedruckt zum Vergleich.

Zahl	0	1	2	3	4	5	6	7	8	9
Haupt-konsonant	n	t	z	m	r	l	b	j	f	g
Ersatz-konsonant	x	d	s	h			p	tsch	v	q
			ß					sch	w	k
			tz	nur Wortanfang A ang				ch	ph	ck
			weiches c						pf	har-tes
										c

Tipps zur Anwendung

Sie können den Major-Code für sich individuell umgestalten, wenn Sie dabei seine Wirkmechanismen nicht beeinträchtigen. So dürfen Sie selbstverständlich bei Ihrem persönlichen Master-Code alle anderen Nebenkonsonanten ebenfalls verwenden. Es ist alles erlaubt, was Ihnen hilft, sich die Zahlen von 00 bis 99 einzuprägen.

Abwandlungsbeispiele:
Vergleichen Sie die Zahl 64 mit der obigen Erklärung. Die 6 ähnelt einem „b", die 4 einem „R". Sie finden also für die 64 das Wort Bier in meinem Master-Code.
Natürlich dürfen – und sollen – Sie die Begriffe verwenden, die **Ihnen** dazu einfallen. Auch Barren, Bahre, Bär, Beere und Büro sind geeignete Begriffe. Wichtig ist nur, dass kein weiterer Konsonant zwischen Ihre Hauptkonsonanten geschoben wird, denn diese bezeichnen ja Ihre Zahl.
Bis auf das Wort „Familie" für die Zahl 83 hat keines in der Tabelle mehr als zwei Silben. Sie dürfen es gern ersetzen durch „Fummel", „Feme", „Fimo", aber nicht durch „Film", denn das „L" bezeichnet die Zahl 5 und macht aus der zweistelligen Zahl eine dreistellige!
Noch ein Beispiel: Der 15 habe ich „Tal" zugeordnet. Wenn Ihnen aber „Teil" oder „Tülle" spontan einfällt, ist schon das ein Hinweis darauf, dass Sie den Begriff ändern sollten.

Mischen von ein- und zweistelligen Zahlen

Im Abschnitt des fünften Kapitels zu den Zahlen habe ich Ihnen empfohlen, Zahlenreihen mit fünf, sieben oder neun Zahlen immer so zu gruppieren, dass die einzelne Zahl vorn steht – Sie erinnern sich? Den Grund können Sie jetzt besser verstehen. Nehmen wir noch einmal die Telefonnummer meines Freundes Erwin: 8793564. In Zweiergruppen sieht die Telefonnummer so aus: 8 79 35 64.

Die zweite Empfehlung, die ich Ihnen in Bezug auf Zahlen gegeben habe, lautet, nicht dasselbe Zahlenbild doppelt zu verwenden. In der Liste der einstelligen Zahlen taucht also für die Zahlen von eins bis neun kein Begriff auf, der bereits in der Baumliste verwendet wurde. Denn diese Zahlen brauchen wir genau für die einzeln stehenden Zahlen, wie sie zu Beginn von Erwins Telefonnummer steht.

Übung

Codieren Sie Erwins Telefonnummer (8793564) mit dem Major-Code. Erfinden Sie dazu auch eine Geschichte!

Lösung

Für die 8 gibt es kein Bild, sondern nur für die 08. So nehmen wir aus der Baumliste die Achterbahn. Für die 79 steht „Scheck", für die 35 steht „Mehl", und für die 64 steht das Wort „Bier".

Zahlengruppe	Bild
8	Achterbahn
79	Scheck
35	Mehl
64	Bier

Und als Geschichte: Erwin fährt mit der Achterbahn, hat aber kein Kleingeld dabei und zahlt mit einem Scheck. Vom Wechselgeld kauft er auf dem Heimweg noch ein Pfund Mehl, das er vor lauter Freude hoch in die Luft wirft. Er kann es nicht mehr auffangen. Es fällt ihm auf den Kopf und bedeckt ihn ganz. Daraufhin geht er schnell in die nächste Kneipe, um sich mit einem Glas Bier zu überschütten, damit er wieder sauber wird.

Weitere Hinweise

Die Einteilung in Zweiergruppen beim Major-Code hat den Vorteil, dass unsere Geschichte nur noch vier Begriffe enthalten muss und nicht mehr sieben wie bei der Verwendung der Einzelzahlen. Sie wird also kürzer.

Auch für die Unterscheidung der Zahlen, die mit einer Null beginnen, beispielsweise die Vorwahlen von Handynummern oder Ortsnetzkennzeichen, ist die parallele Führung einmal der Master-Code-Zahlen und auf der anderen Seite der Einzelzahlen der Baumliste (oder Ihrer persönlichen Einzelzahlliste) von Vorteil. Wenn Sie sich die Vorwahl von Kiel (04 31) merken wollen, haben Sie zwei Zweiergruppen: 04 = Narr und 31 = Matte. Wenn Sie aber eine drei-, fünf- oder siebenstellige Zahl haben, die einfach mit einer Vier beginnt, nehmen Sie aus der Baumliste den Begriff „Auto". So ist jede Verwechslung ausgeschlossen.

Für die Null, die ja nicht in der Baumliste vorkommt, gebe ich Ihnen den Rat, sich einfach den Begriff „Ei" dafür zu reservieren. Wichtig wird die einzelne Null bei Vorwahlen wie die der Stadt Mainz: 0 61 31. In den Master-Code übertragen und mithilfe des Schlüssels der einstelligen Zahlen aus der Baumliste plus dem „Ei" für die Null ergibt sich folgende Merkmöglichkeit: Ei – Bett – Matte. Wählen Sie aber die Schweiz an: 00 41, dann haben Sie als Merkmöglichkeit nach dem Master-Code: Nonne – Reck.

Bemerkung zum englischen Major-Code

Der hier abgedruckte Code basiert auf der deutschen Sprache. Tony Buzan hat ihn basierend auf der englischen Sprache entwickelt, bei der z. B. die Null = zero heißt. So ergeben sich andere Zahl-Buchstaben-Zuordnungen und damit andere Begriffe. In verschiedenen Büchern, die sich mit dem Major-Code befassen, können Sie wählen zwischen dem deutschen und dem englischen Hintergrund. Hier wird der Hintergrund der deutschen Sprache benutzt. Außerdem ist hier die Auswahl der Buchstaben eingeschränkt, um die Fehlerquote beim Lernen herabzusetzen.

Gedächtnishilfe für Vortragende: Mind-Map

Mind-Maps sind als Arbeitsmittel weit verbreitet und Ihnen vermutlich bekannt. Entwickelt wurde die Mind-Map-Technik von Tony Buzan, und sie deutet schon vom Begriff her auf das Gedächtnis, denn das englische Wort „Mind-Map" heißt wörtlich übersetzt „Erinnerungs-(Land)karte" oder „Gedächtnis-Karte". Sie stellt keine Technik dar, mit der man sich Dinge besser merken kann, sondern sie ist so etwas wie eine „strukturierende Gedächtnisstütze". Hervorragend einsetzen kann man sie also zur Planung, zum Beispiel eines Seminars, eines Vortrags oder auch eines Buchkonzepts. Umgekehrt können Zuhörer eines Vortrags ihre Notizen damit strukturiert notieren.

Bereiten Sie einen Vortrag vor, ohne sich vorher ein Konzept zu machen, häufen sich die Situationen, in denen Sie einschieben: „ ... ach ja, vorhin habe ich noch vergessen ..." oder „... vorher muss man natürlich wissen ...". Ihnen steht das ganze Themengebiet vor Augen. Vorgehen müssen Sie aber in kleinen Schritten. Ein Abschnitt folgt dem anderen, und langsam formt sich für die Zuhörenden ein Bild, und sie können das Thema beurteilen.

> Voraussetzung für das Sprechen ist der große Überblick, der in kleinen Schritten präsentiert wird.

Voraussetzung für das Zuhören ist im Gegenzug, dass man Ihnen die Gelegenheit gibt, Schritt für Schritt den Sachverhalt zu klären wie jemand, der einem Mosaik immer ein Steinchen nach dem anderen hinzufügt, bis das ganze Bild schließlich wahrnehmbar wird.

Übung

Nutzen Sie das Thema „Gedächtnis(training)" übungshalber und erstellen Sie dazu ein Mind-Map. Folgen Sie dazu den Schritten in der folgenden Anleitung.

Tipps zur Übung

Machen Sie mit Freunden oder Kollegen ein kleines Brainstorming. Fragen Sie sie, was ihnen spontan zum Thema einfällt, und schreiben Sie es auf, und zwar so, wie Sie immer notieren, nämlich untereinander.

Später strukturieren Sie die Begriffe, indem Sie zusammen aufschreiben, was vom Thema her zusammengehört. Vielleicht stellen Sie fest, dass Begriffe fehlen. Sie fangen an, Pfeile zu machen, wenn ein Begriff falsch zugeordnet wurde. Sobald Sie Ordnung in Ihre Liste gebracht haben, machen Sie sich Gedanken über die Reihenfolge und stellen um. Nach geraumer Zeit sieht Ihre Liste ähnlich aus wie das Inhaltsverzeichnis dieses Buches (aber vermutlich ausführlicher).

Als Zweites schreiben Sie bitte die gesammelten Begriffe in der Form der Mind-Map auf. Diese erste Sammlung nennt man auch Cluster. Legen Sie Ihre DIN-A4-Seite quer – auch wenn die Größe gleich ist, lässt sich ein Mind-Map so besser erstellen. Schreiben Sie das Thema in die Mitte, zeichnen einen Kreis darum und notieren Sie vom Mittelpunkt ausgehend in Stichworten die Begriffe des ersten Brainstormings.

Ihre Vorlage ist die erste ungeordnete Liste. Gehen Sie Wort für Wort durch und schreiben Sie jeden Begriff an die Stelle, an der er Ihnen sinnvoll erscheint. Sie werden sehen, dass Sie häufig wechseln, denn Ihre Kollegen haben Ihnen die Begriffe ja nicht schön geordnet in der Reihenfolge genannt.

So haben Sie später eine übersichtliche und geordnete Grafik, die Sie dann nur noch „in Form" bringen müssen. Oft gibt es zu einem oder zwei Themen viel mehr Begriffe, sodass das Cluster an manchen Stellen „Übergewicht bekommen". Das können Sie beim zweiten Zeichnen korrigieren. Jetzt können Sie auch entscheiden, in welcher Reihenfolge die Unterthemen stehen sollen, falls das Mind-Map die Vorlage zu einem Vortrag oder einem Seminar werden soll.

Außerdem können Sie, je nachdem, wie viele Stränge bei Ihrem Cluster entstanden sind, jeden Strang in einer anderen Farbe aufzeichnen und -schreiben. Dadurch entsteht eine weitere, nämlich eine optische Hilfe.

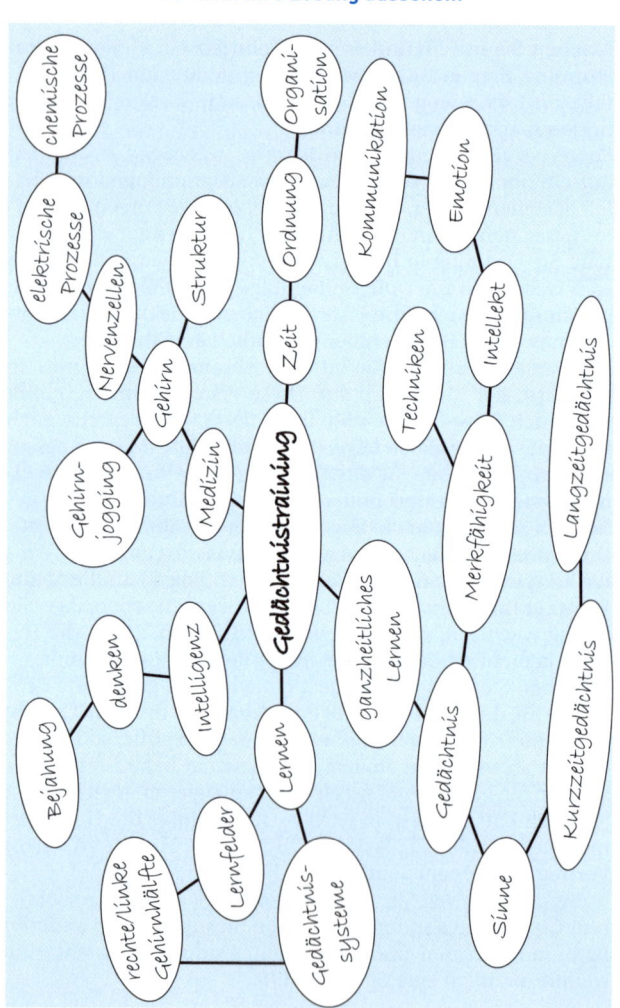

106

Vortrag und freie Rede

Gehen wir einen Schritt weiter. Wenn Sie einen Vortrag frei halten wollen, müssen Sie mit dem Inhalt vollkommen vertraut sein. Dies ist die Hauptvoraussetzung. Durch verschiedene Techniken können Sie die einzelnen Punkte Ihres Vortrags durchgehen, sie vor Ihrem „inneren Auge" ablaufen lassen und dann einfach eine – Bildbeschreibung machen! Natürlich! Wenn Sie Ihre inneren Stichpunkte in Bilder übertragen haben, dann müssen Sie nur noch die Reihenfolge der Bilder durchgehen, um darüber zu berichten!

> Das Wichtigste, um einen Vortrag frei halten zu können, ist immer noch der bewährte Stichwortzettel.

Es ist tatsächlich kein Fehler, sich die wichtigsten Begriffe auf kleine Karteikarten zu schreiben und anhand dieser Karten dem roten Faden des eigenen Vortrags zu folgen. Jedes Stichwort gibt Ihnen die Möglichkeit, über den nächsten Abschnitt Ihrer Rede frei zu sprechen.

Aber das ist ja noch keine Gedächtnistrainingstechnik. In unserer Welt voller technischer Geräte und Programme haben wir es leicht, den Stichwortzettel zu ersetzen und bildhafte Elemente hineinzunehmen.

Kombination von Stichwortzettel und Visualisierung

- Einfachstes Beispiel ist die Diaschau (ein fast schon ausgestorbenes Medium). Jedes Dia zeigt ein Unterthema. Es leitet den Sprechenden wie die Stichwortzettel durch seinen Vortrag und spricht zugleich die linke und die rechte Gehirnhälfte an.
- Dasselbe leistet der Overheadprojektor. Die Folien sind einfach zu erstellen, sie sind leicht einsetzbar und bieten gute Möglichkeiten in der grafischen Gestaltung.
- Eine weitere Steigerung der Vorteile bieten dann schließlich die PowerPoint-Präsentationen.

Aber welche Technik wenden wir an, wenn wir diese Hilfsmittel nicht zur Verfügung haben? Wenn die Situation es nicht gebietet, Technik einzusetzen? Wenn es nur um einen Bericht über einen Sachverhalt geht?

Als Beispiel und Übung für freien Vortrag nehmen wir die Geschichte von Simonides, dem Vater der Mnemotechnik, und machen einen Stichwortzettel.

Übung: Stichwortzettel erstellen

Im folgenden Text sind die ersten Begriffe für den Stichwortzettel farblich markiert. Setzen Sie die Markierung fort. Es sollten bis zu 15 Stichwörter werden. Eine mögliche Lösung ist abgedruckt, aber nicht mogeln, also nicht vorher lesen! Finden Sie beim Vergleich Abweichungen, dann versuchen Sie herauszufinden, woran das liegt (z. B. andere Schwerpunkte).

Bei einem **Festmahl**, das von einem thessalischen **Edlen namens Skopas** veranstaltet wurde, trug der **Dichter Simonides von Keos** zu Ehren seines Gastgebers ein lyrisches Gedicht vor, das auch einen Abschnitt zum **Ruhm von Kastor und Pollux** enthielt. Der sparsame Skopas teilte dem Dichter mit, er werde ihm nur die Hälfte der für das Loblied vereinbarten Summe zahlen, den Rest solle er sich von den Zwillingsgöttern geben lassen, denen er das halbe Gedicht gewidmet hatte. Wenig später wurde Simonides die Nachricht gebracht, draußen warteten zwei junge Männer, die ihn sprechen wollten. Er verließ das Festmahl, konnte aber draußen niemanden sehen. Während seiner Abwesenheit stürzte das Dach des Festsaals ein und begrub Skopas und alle seine Gäste unter seinen Trümmern. Die Leichen waren so zermalmt, dass die Verwandten, die sie zur Bestattung holen wollten, sie nicht identifizieren konnten. Da sich aber Simonides daran erinnerte, wie sie bei Tisch gesessen hatten, konnte er den Angehörigen zeigen, welches jeweils ihr Toter war.

Meine Stichworte sind (Teilsätze zählen mehrfach):

- Festmahl,
- Edler namens Skopas,
- Simonides von Keos Gedichtvortrag mit dem Ruhm auf Kastor und Pollux,
- Hälfte der Summe, Rest Zwillingsgötter,
- Nachricht: zwei junge Männer: niemand,
- Dacheinsturz,
- Leichen zermalmt, nicht identifizieren,
- S. erinnerte Tischordnung,
- Identifizierung.

Bei diesen Stichworten habe ich bereits einige Veränderungen vorgenommen. Sie müssen nicht wörtlich aus dem Text übernommen werden. Es reicht aus, Sie an die Abfolge der Geschichte zu erinnern. Die Lernfunktionen „Wortfindung" und „Formulierung" sind hier stark gefragt.

Mögliche Technik

Als Technik für das freie Vortragen dieser Erzählung ist eine Bildergeschichte geeignet, die mit der Baumliste oder der Loci-Technik verbunden wird. Verankert wird nach dem System ALF (Anker, Lebendigkeit, Fantasie), und zwar jedes Stichwort darin. Stellen Sie sich dann die einzelnen Punkte bildlich übertrieben vor. Sie werden nach kurzer Zeit diese Geschichte frei und durch den Übungseffekt immer besser und fließender erzählen können.

Da Sie in diesem Buch ausreichend viele Beispielgeschichten finden, erzähle ich nur noch kurz den Anfang „meiner" Geschichte, dann sind Sie an der Reihe!

1. (Baum) Es findet ein Festmahl statt in einem Saal unter einem großen Baum im Wald – alle haben eine Platte mit einem Wildschwein darauf vor sich (wie bei Asterix und Obelix).
2. (Lichtschalter) Gastgeber ist Skopas, der zu diesem Zweck mit großer edler Geste das Licht einschaltet. ...

Terminplan

Der Umgang mit Terminen ist eine Frage des persönlichen Arbeitsstils – viele Menschen benutzen elektronische Kalender mit Erinnerungsfunktionen (und tragen sie auch per Handy an jedem Ort mit sich herum), andere schwören noch immer auf den Papierkalender, wieder andere möchten Termine einfach im Kopf haben, vielleicht nicht alle, aber einige und das aus ganz unterschiedlichen Gründen. Wenn Sie zu den Letztgenannten gehören, ist dieser Abschnitt für Sie gedacht.

Zunächst geht es wie bei der Einkaufsliste darum, dass ich bestimmte Dinge nicht vergessen darf. Hierfür reicht eine Liste bzw. die Loci-Technik aus. Termine sind aber an einen bestimmten Tag und dort an eine Uhrzeit gebunden; hinzu kommt eventuell ein Datum. Je mehr Details Sie sich merken müssen, desto aufwendiger wird die Merktechnik.

Bilder für die Wochentage

Am besten nehmen Sie Bilder, die mit denselben Buchstaben beginnen wie die Wochentage und die ihnen ggf. noch sinnvoll zugeordnet sind. Vorschläge:

Montag	=	Mond
Dienstag	=	Diener
Mittwoch	=	Zielscheibe (Mitte)
Donnerstag	=	Blitz
Freitag	=	Smiley
Samstag	=	Samtkissen, Samen, Samowar
Sonntag	=	Sonne

Die weitere Vorgehensweise ist so wie bei unseren Listen (siehe Kapitel 5). Beispiel: Wenn Sie Ihre Post montags wegbringen müssen, dann hängen Sie im Geiste Päckchen und Briefe an eine Mondsichel, knüpfen die Bänder, an denen Sie sie aufhängen, zu einer Schleife und freuen Sie sich an dem intensiv leuchtenden Mond!

Uhrzeiten mit der Baumliste festlegen

Um die Stunde einer Uhrzeit festzulegen, können Sie gut die Baumliste verwenden. Angenommen, Sie müssen Ihre Post am Montag morgens um 8 Uhr erledigen, dann merken Sie sich einfach, wie Sie Ihre Pakete und Briefe von der Mondsichel abnehmen und mit der Achterbahn zur Post fahren. Mit Fantasie lassen sich für jede Uhrzeit Beispiele finden.

Realistisch gesehen haben Sie selten Termine, bei denen die Stunde in kleinere Einheiten unterteilt werden muss als in Viertelstunden. Es reicht also, sich die Zahlen 15, 30, 45 und 00 aus dem Master-Code zu merken.

Beispiel

Eine Konferenz ist für Donnerstag 14.15 Uhr angesetzt? Als Erstes merken Sie sich das Thema oder ein Hauptthema, das zu besprechen sein wird. Angenommen, es ist die Übersicht über den Umsatz der Produkte Ihrer Firma. Sie sehen als Bild vor sich, wie diese Produkte von vielen Menschen von einer Hand zur anderen gegeben, also verkauft, umgesetzt werden. Das alles geschieht während eines heftigen **Gewitters.** Die Kunden tragen ihre Einkäufe durch ein großes steineres **Tor** hinunter ins **Tal.**

Mit dem Terminplan haben Sie jetzt schon eine weit komplexere Aufgabe zu bewältigen. Sie werden sehen, nach einiger Übung klappt auch dies. Merken Sie sich nur eine Woche lang Ihre Termine nach diesem Schema, und Sie werden feststellen: Die Erleichterung ist erheblich.

Wenn Sie noch stärker differenzieren wollen, lernen Sie die Begriffe für die Zehner bzw. Fünfer aus dem Major-Code. Nebenbei festigen sich die Zahlen in der Anwendung.

Es gibt auch die Möglichkeit, einen schriftlichen Terminplan auszugestalten. Hier verweise ich auf die Fachliteratur, Sie finden dazu Näheres bei den Autoren Zehetmaier und Stanek in ihrem Buch „Gedächtnistraining". Dort wird u. a. vorgestellt, wie man mit einfachen grafischen Symbolen, die für Zeitspannen stehen, arbeiten kann.

Wegbeschreibung

Seit es Routenplaner im Internet gibt und seit Autos mit Navigationsgeräten ausgestattet sind, ist das Erstellen einer Reiseroute mit klassischen Mitteln ähnlich uninterressant geworden. Trotzdem greifen viele Mensch auf die Karte zurück und schauen sich ihren Weg vor der Fahrt genau an. Aber selbst nach dieser Vorbereitung stellen sich Probleme ein.

Das Erinnern einer Reiseroute ist deshalb so schwierig, weil es unterschätzt wird. Man hört die Beschreibung an, macht sich Stichpunkte und ist schließlich sicher, alles aufgeschrieben zu haben, was man braucht.

Aber im Auto ist ein Zettel dann sehr unpraktisch, und da greift wieder die Mnemotechnik. Wenn Sie dieses Buch von Anfang an kontinuierlich gelesen haben, ist die einzusetzende Technik für Sie nicht neu. Sie kombinieren das Initialisieren mit Bildern und einer (kleinen) Geschichte.

Beispiel für Strecke zwischen Städten

Ich musste von Kiel nach Bad Pyrmont fahren und kannte die Route nicht ganz. Bekannt war:

- Von Kiel aus Autobahn Richtung Hannover,
- dort weiter Richtung Dortmund,
- Abfahrt Bad Eilsen.

Von da an kannte ich keinen einzigen Ort vor Bad Pyrmont. Der Rest der Route sah so aus:

- Von Bad Eilsen aus ging es nach Rinteln,
- von dort nach Barntrup,
- und dann nach Bad Pyrmont.

Ich merkte mir Folgendes: Meine Freundin **Ri**ta wohnt in **Ri**nteln, ihr Freund **Bar**nie wohnt in **Bar**ntrup; das Ziel Bad Pyrmont war wieder leicht zu wissen.

Für den Rückweg musste ich jetzt Rita und Barnie vertauschen und war so schnell wieder auf der Autobahn.

Ich habe dann in Schneverdingen einen Zwischenstopp gemacht, um dort in einem ausgezeichneten Café ein Stück Kuchen zu essen. Ich musste mir Folgendes merken:

- Abfahrt Bispingen,
- nach Scharll,
- nach Heber,
- Schneverdingen.

Meine Schulkameradin Angelika Bisping winkte mir an der Abfahrt zu.
In Scharll ließ ich kurz entschlossen den früheren französischen Staatspräsidenten Charles de Gaulle, leicht anders geschrieben, in einer Kneipe sitzen und ein Heber statt ein Jever heben.
Die Route war in meinem Kopf.

Nun ist es noch relativ einfach, sich Orte oder Abfahrten zu merken. Schwierig wird es, wenn Sie in einer fremden Stadt Freunde besuchen wollen.

Lassen Sie sich zu diesem Zweck markante Orientierungspunkte nennen.

Das können z. B. sein: eine Tankstelle, eine große alte Eiche, eine Kirche, eine auffallende Skulptur. Vorübergehend helfen auch Baustellen, aber Vorsicht: Sie neigen zur Auflösung (glücklicherweise!). Meine Tochter hat sich als Kind einmal eine Einfahrt zu einer Badestelle merken wollen und schlug vor, „an den blauen Glockenblumen rechts" abzubiegen. Dieses Merkmal ist schön, aber nur jahreszeitlich tauglich.

Legen Sie für das Wort „links" einen Begriff fest wie z. B. „Leiter", für „rechts" „Rose" oder andere Begriffe, die mit „L" oder „R" beginnen. Die Begriffe sind, wie beim Major-Code, austauschbar. Wichtig ist nur, dass sie immer mit „R" für „rechts" oder mit „L" für „links" beginnen. Eine Ampel ist bereits Symbol genug; Sie müssen sie nur in Ihre Merk-Geschichte einbauen.

Beispiel für eine innerstädtische Route

Sie möchten die Kieler Universität besuchen: Ohlshausenstraße 40.
Kiel ist klar. Die erste Kieler Abfahrt ist „Olympiazentrum/ Eckernförde" und führt Sie auf eine Umgehungsstraße, auf der Sie die zweite Abfahrt nehmen „Kronshagen-Nord/ Zentrum". Die Ausfahrt ist zweisp,urig. Sie nehmen die rechte Fahrspur. Unmittelbar vor der Ampel teilt sich auch diese Spur, und Sie ordnen sich links ein. Weiter geht es an der zweiten Ampel links in die „Gutenbergstraße" und an der zweiten Ampel links in den „Westring". Wiederum an der zweiten Ampel kreuzt die Ohlshausenstraße den Westring. Das Gebäude links auf der anderen Straßenseite ist das alte Hauptgebäude der Uni, Ihr Ziel.
Aber wie merken Sie sich diesen Weg? Auch hier ist Ihre Fantasie gefragt für eine „Geschichte", z. B. diese:
Zunächst nutzen Sie den Hinweis Olympiazentrum und stellen sich die Olympischen Ringe auf weißem Hintergrund vor, denn das Schild ist weiß. Außerdem biegen Sie um die Ecke, wenn Sie abfahren, denn die Straße macht einen weiten Bogen nach links. Es geht Richtung Förde; es bietet sich Wasser als Symbol an. Aus Kronshagen werden zwei (zweite Abfahrt) Kronen, die dem nordischen Adel zuzuordnen sind. Sie liegen auf einem Hag, einem kleinen Wiesenstück. Auf der rechten Spur sehen Sie einen Reiter (für rechts), der sein Pferd kurz vor der Ampel mit der Leine (links) hinüberführt. Ab jetzt sind entscheidende Wegmarken immer die zweiten Ampeln. So stellen Sie sich jetzt vor, der Erfinder des Buchdrucks, Johannes Gutenberg, sitzt mit einem großen Buch auf der Leiter, in jeder Hand zwei Ampeln, und leuchtet Ihnen den Weg, der sich in grünem Licht zeigt. Die nächsten zwei Ampeln versuchen, auf die untergehende Sonne (West) ihr grünes Licht zu strahlen und erleuchten einen wunderschönen Ring. Die folgenden beiden Ampeln sind rot, um Sie zu stoppen, und Sie sehen mehrere olle Häuser: Ohlshausenstraße. Durch eine Rinne (die 40 aus dem Major-Code für die Hausnummer) gelangen Sie zur Uni.

Üben/Trainieren: Verfeinern und variieren Sie diese Techniken und wenden Sie sie so oft wie möglich an!

7 Zusammenfassende Übungen

Verschiedene Techniken kombinieren

Beim Merken einer Reiseroute innerhalb der Stadt (letzter Abschnitt) ist klar geworden, dass komplexere Zusammenhänge bzw. umfangreichere Begriffe mehr Assoziationen erfordern als z. B. die wenigen Gegenstände einer Einkaufsliste. Deshalb liegt es nahe, mehrere Techniken miteinander zu verbinden.

In Kapitel 5 wurde auf die „Tier-Uhr" von Zehetmaier und Stanek hingewiesen, mit deren Hilfe Sie sich leicht die verschiedensten Dinge merken können, z. B. die Bundesländer in der Reihenfolge ihrer Größe. Hier brauchten wir bereits viel Fantasie, um die Namen der Bundesländer in gehirngerechte Happen aufzuteilen, aber wir fanden immer noch die Möglichkeit einer poetischen Assoziation.

Schwieriger wird es bei Eigennamen, wie Sie es ja schon kennengelernt haben im Abschnitt „Namen merken".

Bei Quiz-Sendungen im Fernsehen kommt immer wieder einmal die Frage auf, wer wann welchen Gegenstand erfunden hat. Eine interessante Frage, man wüsste es gern auch, und zwar für immer. Nun, dann nutzen wir doch einmal die Kombination der zahlreichen, bereits gelernten Techniken und wagen den Versuch, uns diejenigen Erfindungen zu merken, die uns das Leben bis in den Alltag hinein angenehmer und interessanter gemacht haben und auf die wir nie mehr verzichten möchten.

Anwendung mehrerer Mnemotechniken

Bei der nächsten Aufgabe werden die Techniken noch komplexer und zu Beginn aufwendiger. Aber das Thema ist allgemeiner Natur und für jeden interessant. Und bedenken Sie, wie effektiv es sein wird, diese kombinierten Techniken im Beruf bzw. in Ihrem Fachgebiet erfolgreich anzuwenden.

Die wichtigsten Erfindungen

Bei dieser Lernaufgabe können wir noch mehr Techniken miteinander verknüpfen als bei den oben genannten.

Wahl der Techniken

Jeder Mensch hat problemlos die Uhr als grafisches Element vor dem inneren Auge. Diese Uhr nehmen wir als Aufhänger. Die Erfindungen sind alphabetisch geordnet und eignen sich als solche bereits als Bild, als Anker. Da es 25 sind und die Uhr nur 24 Stunden anzeigt, setzen wir über Nummer 24 die Nummer 25 als Zusatz (wie es die Autoren Zehetmaier und Stanek mit ihren Tieren getan haben).

In der ersten Spalte werden die Erfindungen genannt. Damit ist uns bereits das Bild vorgegeben.

In der zweiten Spalte steht der Name des Erfinders; manchmal sind es sogar zwei.

In der dritten Spalte finden Sie das Jahr, das wir mit den zweistelligen Zahlen des Major-Codes verankern wollen.

	Gegenstand	Person	Jahr
1.	Atlantikflug	Charles Lindbergh	1912
2.	Automobil	Gottlieb Daimler/Carl Friedrich Benz	1885
3.	Computer	Konrad Zuse	1941
4.	Dampfschiff	J. C. Périer/Graf Auxiron	1775
5.	Dynamit	Alfred Nobel	1867
6.	Fahrrad	Karl Fr. Freiherr von Drais	1817
7.	Fallschirm-sprung	L. S. Lenormand	1783
8.	Fernseher	John Logie Baird	1925
9.	Fotoapparat	J. N. Niepce	1816
10.	Glühlampe	Th. A. Edison	1879
11.	Handy	Fa. Motorola	1992
12.	Hubschrauber	Paul Cornu	1907
13.	Internet	US-Militär	1968
14.	Kühlschrank	Ferdinand Carré	1859

15.	Mondlandung	Apollo-Programm (11)	1969
16.	Motorflug	(Otto Lilienthal) Orvil und Wilbur Wright	1901
17.	Rad	In Mesopotamien	3200 v. Chr.
18.	Radio	Reginald Aubrey Fessenden (kan.)	1906
19.	Raumstation	UdSSR, Saljut 1	1971
20.	Revolver	Samuel Colt	1835
21.	Satellit	UdSSR, Sputnik	1957
22.	Telefon	Philipp Reis	1861
23.	U-Bahn	Charles Pearson, London	1863
24.	Uhr	Peter Henlein, Nürnberg	1510
25.	Zündhölzer	China	577

Ausführung beispielhaft

1. Atlantikflug – Charles Lindbergh – 1912

Zunächst müssen wir uns wieder unsere Bilder und Assoziationen zurechtlegen. Wenn wir obige Tabelle angelegt haben, sind wir anschließend mit dem Lernstoff schon ein wenig vertraut! Für die Nr. 1 – im Uhrensystem bei „1 Uhr" – verankern wir nun den ersten Atlantikflug von Charles Lindbergh 1912. Zusätzlich zum Namen und dem Gegenstand der Erfindung merken wir uns also noch das Jahr. Wir stellen uns (oder zeichnen es) ein **Flugzeug** vor, mit dem Prinz **Charles** von England einen **sanft** (= lind) ansteigenden **Berg** überfliegt. Das Ganze geschieht am Tag, und er hält dabei eine Tasse in der Hand.

Wichtig ist hierbei, dass Sie die Reihenfolge beibehalten und immer 1. die Erfindung, 2. die Person und 3. das Jahr verankern. Sie erinnern sich: das Gehirn liebt Ordnung!

Sie werden natürlich das Bild „Prinz Charles" nicht mit der Erfindung oder einer Zahl verwechseln. Aber der „Berg" als zweiter Teil von „Lindbergh" könnte Ihr Symbol für die Zahl 64 (statt „Bier") aus dem Major-Code sein. Halten Sie also unbedingt die Reihenfolge ein!

Anmerkung: Elf dieser Erfindungen sind im 20. Jahrhundert gemacht worden. Die Jahreszahl beginnt mit 19. Ich schlage vor, statt des Worts „Tag" (= 19 im Major-Code) durchaus einen anderen Begriff zu nehmen. Wenn Sie sich an die Regel halten, dass Sie die Jahreszahl (= zwei Begriffe für die vierstellige Zahl) immer an den Schluss setzen, können Sie gern auch einmal einen „Tiger" oder den „(Kuchen-)Teig" zum Merken anwenden. Sie wissen ja, dass das „T" für die 1 steht und das „G" oder „K" für die 9. Sie werden beim „Rückübersetzen" sicherlich die richtige Zahl nennen können. Probieren Sie es aus!

2. Automobil – Daimler/Benz – 1885

In unserer Uhr erscheint bei „2 Uhr" jetzt ein Auto. Darin sitzen zwei Männer. Der eine hat über dem Kopf einen Heiligenschein, weil Gott ihn liebt, und er kaut an einem „Daim" (Schokoriegel). Der andere hat ein kariertes (Carl) Hemd an und liebt den Frieden (Friedrich). Er tankt das Auto gerade mit Benzin auf. Das Auto steht vor einer Tafel (18), deren Aufschrift vor einer Falle (85) warnt.

... und weiter, nun etwas knapper umschrieben

... „3 Uhr": Wir sehen einen Computer, daran sitzt ein Mann, der nachdenklich am Daumen lutscht (Konrad, sprach die Frau Mama ...). Er muss zusehen, wie sein Programm wieder mal abstürzt. Neben ihm spielt ein Tiger mit einer Ratte.

... „4 Uhr": Wir sehen ein Schiff mit großem Schornstein, aus dem es in dicken Wolken dampft. Am Steuer stehen zwei Männer. Der eine trinkt ein Glas Wasser der Marke Perrier und zeigt dem anderen eine Grafik der Stadt Auxerre, die ironisch gemeint ist. Dann holt er aus seiner Tasche (17) einen Schal (75).

... „5 Uhr": Wir haben einige Dynamitstangen, an denen Alf auf sehr noble Weise die Lunten anzündet. Auf einer Tafel liegt ein Buch mit der Anleitung.

... „6 Uhr": Wir sehen ein Fahrrad, auf dem ganz freihändig der Herr dreimal im Kreis fährt. An eine Tafel hat er seine Tasche gehängt.

... „7 Uhr": Es öffnet sich ein schöner großer bunter Fallschirm.

25 Staaten der EU

Sie erinnern sich an die Technik, mit der wir uns die nord-
und südamerikanischen Staaten gemerkt haben (Kapitel 5).
Wir haben eine Geschichte erfunden, in der wir die Namen
der Länder verändert oder nur deren Anfangsbuchstaben
oder Silbenteile benutzt haben. Nach derselben Methode
können wir uns auch andere Staaten in der Reihenfolge ihrer
Größe merken, z. B. 25 Staaten der EU. In diesem Abschnitt
biete ich eine Erweiterung an, nämlich die Flächenangabe
hinzuzunehmen.

Als Technik, um sich Zahlen zu merken, soll wieder der Major-Code benutzt werden. Den Zahlen-Chunks, bestehend
aus zwei Zahlen, liegt immer ein Begriff zugrunde. Bei fünf-
stelligen Zahlen haben wir mithilfe der einfachen Zahlenliste
von Seite 78 die Möglichkeit, die einstelligen Zahlen zu benennen, weil sie sich nicht mit dem Major-Code überschnei-
den.

Wenn Sie noch nicht so recht den Mut haben, so viele Dinge
auf einmal zu lernen, erfinden Sie zunächst eine Geschichte
ohne Flächenangaben. Das verlangt zwar später ein Umler-
nen (Erweiterung). Aber Sie berücksichtigen ja die Ord-
nungsliebe des Gehirns, indem Sie die Flächenangaben für
jedes Land an die immer gleiche Stelle setzen, und zwar an
den Schluss.

Die Geschichte, die 25 Staaten verknüpft

Wir stellen uns einen riesigen Eiffelturm (Frankreich) vor. Auf dessen Plattform kämpft ein Torero (Spanien), und zwar nicht wie gewohnt mit einem Stier, sondern mit einem Volvo (Schweden). Auf der Kühlerhaube befindet sich eine Nachbildung des Brandenburger Tors (Deutschland). Auf dem Brandenburger Tor steht ein Tisch: die Nachbildung des Tisches des berühmten KSZE-Gipfels (Finnland). Der Tisch gehört zu einem Restaurant. Der Ober kommt Mazurka (Polen) tanzend an unseren Tisch und bringt uns eine riesengroße Schüssel Spaghetti (Italien). Die passt nicht auf den Tisch, weil eine große Nachbildung des Big Ben (Großbritannien) den Platz wegnimmt. Deshalb stellt er sie, damit der Inhalt nicht kalt wird, auf einen Ofen, in dem das Olympische Feuer brennt (Griechenland). Uns wird heiß, und wir tanzen noch schnell einen Csardas (Ungarn). Wir setzen uns, und der Ober serviert uns zum Essen eine Flasche Portwein (Portugal). Plötzlich kommt ein Geiger zu uns an den Tisch und spielt uns schmachtend einen Wiener Walzer (Österreich). Daraufhin bestellen wir uns noch ein Pils (Tschechien) und fühlen uns plötzlich irrsinnig (Irland) glücklich (Litauen). Wir bestellen uns ein Hanse-Schiff (Lettland) und segeln ins Bärenland (Slowakei). Da fällt uns ein, dass wir nicht bezahlt haben. Wir sind abergläubisch (Estland), fahren zurück, zahlen mit dänischen Kronen (Dänemark) und verlassen das Restaurant. Neben der Tür befindet sich rechts der Stand eines Blumenhändlers. Wir kaufen einen Strauß Tulpen (Niederlande). Als wir gehen wollen, stehen wir urplötzlich vor dem großen Atomium (Belgien). Wir mieten uns für den Heimweg einen Lipizzaner (Slowenien) und reiten los. Da steigt plötzlich vor unseren Augen Aphrodite aus dem Meer (Zypern). Gerade als sie auf einer Meerschaumkrone steht, kreist ein Hubschrauber über uns mit einer großen Aufschrift RTL (Luxemburg), der die Szene filmt. Am Hubschrauber öffnet sich eine Tür, und von oben herab schwebt ein Malteserkreuz auf uns herab (Malta).

Übung

Versuchen Sie nun selbst, die Geschichte für jedes Land um
drei Begriffe zu erweitern, nämlich um die Begriffe, die die
Quadratkilometerzahl nach dem Major-Code symbolisiert. In
der folgenden Tabelle finden Sie die Größenangabe der
Länder, und in der letzten Spalte sind schon die drei – bei
den kleinsten Ländern die zwei – Begriffe des Major-Codes
notiert.

Ein Beispiel: Wir stellen uns einen riesigen Eiffelturm vor.
Wir stehen auf dessen Plattform und spielen hingebungsvoll
auf einer Leier. Der Magen hängt uns vor Hunger am Boden.
Auf einmal werden wir von einem Ball getroffen. Da kommt
ein Torero, der eine Liane schwingt und völlig im Rausch auf
ein Weinfass steigt ...

Europäische Staaten nach Größe (km²)
nach dem Major-Code

Bild	Land	km²	Zahlencode
Riesiger Eiffelturm	Frankreich	54 39 65	Leier – Magen – Ball
Auf Plattform Torero	Spanien	50 47 82	Liane – Rausch – Fass
Kämpft gegen Volvo	Schweden	44 99 64	Rohr – Kakao – Bier
Auf Kühlerhaube Brandenburger Tor	Deutsch-land	35 70 27	Mehl – Schnee – Ze-che
Darauf Tisch des KSZE-Gipfels	Finnland	33 81 45	Mama – Foto – Rille
Tanzt Mazurka	Polen	31 26 85	Matte – Sieb – Falle
Große Schüssel Spaghetti	Italien	30 13 38	Mohn – Team – Muff
Big Ben	Großbritan-nien	24 29 10	Zar – Sage – Tanne
Olympisches Feuer	Griechen-land	13 19 57	Team – Tag – Lasche
Csardas	Ungarn	9 30 30	Katze – Mohn – Mohn
Glas Portwein	Portugal	9 23 45	Katze – Samen – Rille

Geiger spielt Wiener Walzer	Österreich	8 38 71	Achterbahn – Muff – Schutt
Pils	Tschechien	7 88 66	Zwerg – Waffel – Papa
Irrsinnig	Irland	7 02 73	Zwerg – Nase – Schaum
Glücklich	Litauen	6 53 01	Würfel – Lamm – Note
Hanseschiff	Lettland	6 45 89	Würfel – Rille – Waage
Bären	Slowakei	4 90 33	Auto – Kahn – Mama
Abergläubisch	Estland	4 52 27	Auto – Lasso – Zeche
Dänische Kronen	Dänemark	4 30 98	Auto – Mohn – Kaffee
Strauß Tulpen	Holland	4 15 28	Auto – Tal – Seife
Atomium	Belgien	3 05 28	Hocker – Nil – Seife
Lipizzaner	Slowenien	2 02 73	Lichtschalter – Nase – Schaum
Aphrodite	Zypern	92 51	Kasse – Latte
RTL-Hubschrauber	Luxemburg	25 86	Saal – Fabel
Malteserkreuz	Malta	3 16	Hocker – Tube

Zusammenfassend

- Ganzheitliches Gedächtnistraining heißt auch, die verschiedenen Techniken zu kombinieren.
- Das Lernen komplexer Zusammenhänge erfordert Zeit und Wiederholung. Sie erinnern sich an die Einleitung dieses Buches? Dort wurde gesagt, dass die neueren Erkenntnisse zum Gedächtnistraining nicht außer Kraft setzen, was wir über das Lernen wissen. Natürlich müssen Sie sich diese Geschichte einprägen, aber das fällt leichter durch unsere ALF-Technik: mit Anker, lebendigem Bild und fantastischer Übertreibung.
- Beim Verwenden der Techniken müssen immer mehrere Lernfunktionen trainiert werden.

Literaturverzeichnis

Birkenbihl, Vera F.: Das „neue" Stroh im Kopf, 2001

Buzan, Tony: Power Brain, 2002

Degener MoreOFFICE®/Hütter, Heinz: Zeitmanagement, 2002

Hess, Jürgen C.: Gehirntraining, 2011

Karsten, Gunther: Erfolgsgedächtnis, 2002

Silbernagl, Stefan / Despopoulos, Agamemnon: Taschenatlas der Physiologie, 2003

Staub, Gregor: Mega-Memory, 2000

Yates, Frances Amelia: Gedächtnis und Erinnern – Mnemonik von Aristoteles bis Shakespeare, 1994

Zehetmaier, Helga/Stanek, Wolfram: Gedächtnistraining, 2002

Stichwortverzeichnis

Karriere to go

Der Cornelsen-Scriptor-Podcast gibt wertvolle Businesstipps aus der Ratgeber-Reihe von Cornelsen Scriptor. Jeden Monat wartet weiteres spannendes Insiderwissen auf Sie. So sind Sie auch unterwegs immer bestens informiert.

www.cornelsen-scriptor.de/podcast